KB199533

경기 침체 이후 턴어라운드 조직전략 3단계

돌파 조직

경기 침체 이후 턴어라운드 조직전략 3단계

돌파 조직

초판 1쇄 인쇄 2025년 4월 21일
초판 1쇄 발행 2025년 5월 7일

지은이 김경수

발행인 백유미 조영석
발행처 (주)라온아시아
주소 서울특별시 서초구 방배로 180 스파크플러스 3F

등록 2016년 7월 5일 제 2016-000141호
전화 070-7600-8230   **팩스** 070-4754-2473

값 18,000원
ISBN 979-11-6958-195-0 (13320)

※ 라온북은 (주)라온아시아의 퍼스널 브랜드입니다.
※ 이 책은 저작권법에 따라 보호받는 저작물이므로 무단전재 및 복제를 금합니다.
※ 잘못된 책은 구입하신 서점에서 바꾸어 드립니다.

라온북은 독자 여러분의 소중한 원고를 기다리고 있습니다. (raonbook@raonasia.co.kr)

김경수 지음

경기 침체 이후 턴어라운드 조직전략 3단계

돌파조직

LG인화원 30년 변화관리 전문가로서
경영자와 구성원들이 반드시 알아야 할
현장의 실제 사례와 상황까지 생생하게 담았다

Goal Holding,
Tasking Working,
Feedback의
3단계 전략
솔루션

"모든 위기 돌파의 성패는 결국 사람이다!"

RAON
BOOK

두려움 없는 최강 조직이 우선이다!

　기업을 둘러싸고 있는 경영환경은 위기가 아닌 적이 없을 정도로 만만하지 않다. 위기의 강도가 얼마나 빠르고 강하게 닥치느냐, 대비가 어느 정도 가능하게, 속도가 좀 빠르지 않게 오느냐의 문제인 것 같다. 인생이 그렇듯이, 위기를 잘 견뎌내면 더 탄탄해지고 성장하는 것과 같이, 기업이나 조직도 위기를 극복하면 한 단계 점프하게 되고 한층 업그레이드된 경쟁력을 갖추게 된다.

　결국, 위기가 닥치면 얼마나 잘 대응하느냐가 기업의 이슈가 된다. 이를 위해서는 조직의 역량이 갖춰져 있어야 한다. 내부에 위기대응이 가능한 절차나 프로그램을 가지고 있고, 이를 실행할 훈련된 인력이 확보되어 있어야 한다.

조직에 총체적 위기가 갑자기 몰려오면 두려움이 퍼지게 된다. '우리가 이 위기를 극복할 수 있을까?'하는 걱정과 의심이 밀려오면서 심리적 불안을 부추기게 하는 것이다. 그리고 위기관리와 변화관리라는 해결방안을 찾기 시작한다.

이런 처방들이 제대로 먹히려면 결국 조직이 움직이고 사람이 변화되어야 한다. 혁신이 필요한 이유이기도 하다. 혁신이 성공하려면 혁신단계별 변화관리를 전략적으로 잘

해야 하고, 치밀하고 지속적이고 일관성 있게 실행할 수 있어야 한다. 위기를 기회로 삼고 성공적으로 위기돌파를 해내는 조직을 만들어 내는 것이 궁극적인 목표가 되어야 한다. 두려움 없는 최강 조직을 만들어내는 것이다.

최강 조직은 매일 구호를 외친다고 이뤄지지 않는다. 어려운 상황이 닥치고 앞이 보이지 않아도 주저앉거나 두려워 하지 않고, 앞으로 앞으로 한 걸음씩 전진할 줄 아는 조직구성원들로 훈련되어야 한다. 두려움은 버리라고 목이 터지게 외친다고 없어지는 것이 아니다. 가능성이 희박한 비즈니스 상황들을 해결해 내고 성공 체험을 하나씩 하면서 두려움을 없애버릴 수 있는 것이다. 위기돌파를 위해 혁신을 시도하고 각 단계에서 가장 효과적인 절차와 도구들을 학습하며 적용해 내는 변화관리 스킬들을 훈련하는 것이다. 혁신을 통해 초기 성공 체험을 경험하는 과정에서 변화관리 노하우를 지속적으로 조직 내에 공유하고 내재화시켜 나갈 수 있는 조직구성원과 리더십팀들이 생기면서 최강 조직이 되어 가는 것이다.

혁신을 위한 변화관리는 기술적인 속성만을 가지고 있지는 않다. 조직문화, 소통, 리더십이 함께 영향을 미치는 휴먼사이드가 중요하다. 기계를 조립하고 작동하는 것이 아니라 사람이 해야 하기에 그리 쉽지가 않다. 회사에 위기가 닥쳤다고 해서 조직구성원 전원이 위기의식을 가지고 위기 돌파를 위해 앞으로 나가지는 않는다. 회사의 CEO나 경영진만큼 동일하게 고민하고 걱정하면서 어떻게든 위기극복을 하려고 하지 않는 경우도 있다. 경영진들이 답답함과 서운함을 느끼는 순간이기도 하다. 그러기에 현실로 받아들이고 변화관리에 집중해야 하는 이유이기도 하다.

본서는 위기돌파를 위해 어떻게 두려움 없는 최강의 조직을 만들 것인가를 고민하는 회사의 CEO나 조직의 최고 책임자들에게 해법을 제시하고자 저술되었다.

위기극복의 해법은 혁신을 통해 가능해진다. 혁신은 기계적인 절차를 실행한다고 하여 성공한다는 보장이 없다. 혁신에 성공하고 위기극복을 완수하려면 변화관리 스킬과 역량이 필요하다. 변화관리는 모델이 있고 정교한 프로세스와 적용할 수 있는 도구 등이 있다고 효과적으로 이뤄지는 것이 아니다. 조직의 상황과 맥락이 정확히 파악되어야 하고, 조직문화라고 지칭되는 조직 고유의 역동성, 소통방식, 리더십팀의 위치, 업종과 시장환경 등을 함께 고려하여 실행할 줄 알아야 한다.

이 책에서는 두려움 없는 최강 조직을 만들기 위해서 거쳐야 하는 3단계를 제시하였다.

1단계는 준비단계로, 조직전체가 위기의식을 공유하고 위기돌파를 위한 팀을 구성하며, 각 조직의 R&R과 비전,목표재설정을 하는 **'Goal Holding 단계'**, **2단계**는 혁신과제를 실행하는 과정에서 필수적으로 일어나는 저항과 장애요인을 해결하는 방법과, 변화를 지속시키기 위한 조직커뮤니케이션 채널 구축과 동시에, 병행해야 하는 조직구조와 시스템 변화 전략을 다루는 **'Tasking Working'**, **3단계**는 실제 성공과 성과로 결과가 도출되도록 어떻게 각 실행과제를 모니터링하고 평가하며 피드백하고, 노하우가 조직내부에 내재화되어 또다른 혁신을 일으키는 선순환의 사이클과 연계되도록 하면서 리더십팀들이 혁신을 주도하는 굳히기 전략을 공유하기까지의 **'피드백 단계'**이다.

3단계 아래에는 세부단계로 나누었고, 세부단계에는 발생할 수 있는 실제 상황과 사례들과 함께 참고할 수 있는 예시를 실었다. 특히 'Solution'는 경영진과 구성원 양쪽의 입장을 다 포함하여 작성해 놓았다.

위기관리란 때와 장소를 가리지 않고 생각지도 않은 형태로 발생하는 긴급사태(emergency)를 미리 알고 예방하는 것이며, 만일 발생했다 해도 재빠르게 대응해서 피해를 최소화하는 것으로 정의되어 있다. 또, 변화관리는 위키백과에 나오듯이 기업에 일어나는 중대한 변화를 기업 성과가 향상되는 방향으로 관리하는 것을 말한다. 따라서 변화관리는 혁신을 추구하면서 병행적으로 수행해야 하는 혁신관리활동이라고 설명하고 있으나, 본서에서는 위기관리와 변화관리를 혼용하여 사용하려고 한다. 위기관리는 혁신으로 통하고 혁신을 위해서는 변화관리 역량이 필요하므로 변화관리의 각 단계에 필요한 스킬과 절차 등을 변화관리 Workshop 방식으로 적용하고 풀어 나가려고 한다.

변화관리의 단계별 절차나 도구 등은 설명되어 있으나 과정에서 도출된 혁신과제들을 해결하는 문제해결의 프로세스나 도구들은 생략되었다. 문제해결의 프로세스와 도구는 주제에 따라 회사별로 다르기 때문에 자사에 맞는 문제해결 프로세스와 도구를 선택하여 활용하면 된다.

변화관리는 문제가 해결되고 실행되도록 과정을 관리하는 것이 중요하다. GE의 CAP^(Change Accelelation Process) 모델을 참고했지만, 실제로 조직에서 프로세스를 적용해 보면서 우리 조직의 현실에 맞고 실제로 작동되는 부분들로 재구성하였다.

기업이 위기가 아닌 적은 없다

국내외 경영환경이 어려워지고 있다는 현실인식은 기업의 리더들을 만나면 확실히 알 수 있다. 물론 농담반 진담반으로 "언제 기업경영이 위기가 아니고 어렵지 않은 적이 있었나"라는 얘기를 하면서 조금 긴장을 풀어주기도 한다. 그러나 예전의 위기와 다르다고 말하는 기업의 리더들의 말을 들어 보면 조금 걱정이 되기는 한다. 급변하는 경영환경 변화가 주는 외부적인 위기의 본질이 과거와는 다르다고 한다.

동시에 내부적인 요인들도 긍정적이지 않다고 한다. 예전에 회사에 위기가 찾아오면 조직구성원들이 함께 다 같이 허리띠를 졸라매며 고통을 감수하고 힘든 혁신과정을 견뎌내려는 노력을 했다는 것이다. 그러나 지금은 조직분위기나 위기대응에 나서는 태도가 그리 절박하게 변하지 않을 것 같다는 게 더 걱정이라 한다. 어느 관점이나 예상이 맞을지는 잘 모르겠다. 한가지 분명한 것은 위기가 아닌 정상적인 경영하에서 평소 위기관리 리더십이 훈련되고 교육되어야 한다는 것이다.

첫 번째 저서인 "빅 리더십"에서도 주장한 바 있지만, 어느 세대를 대상으로 하든 리더십의 핵심과 본질은 변하지 않는다. 조직이 위기를 극복하고 성과를 내도록 하여 조직과 구성원 모두가 성장하고 발전할 수 있게 만드는 것이 리더십이고 리더의 사명인 것이다. 위기관리를 위한 리더십도 동일한 맥락이다. 위기관리 리더십이 평소 훈련되어 있지 않다고 하여 위기극복을 위한 조치를 하지 않고 걱정만 하고 혼란스러워 하는 것은 상황을 더 악화시키게 된다.

"위기는 기회"란 말을 자주 사용하고 있다. 위기극복을 위해 노력하는 상황에서 힘을 실어주고 격려와 지지를 위해 상기시키는 말이기도 하다. 시간이 지나고 위기의 순간을 돌아보면 현재의 위치가 정말 위기를 만났기 때문에 돌파를 위해 노력한 결과로 얻게 되었음을 깨닫게 되는 경험을 한두 번씩은 가지고 있을 것이다. 그러나 위기극복의 과정은 고통스럽다. 고통을 최소화하기 위한 것이 위기관리이고 변화관리라고 할 수 있다. 따라서 현 시점에서 위기극복이 필요한 CEO와 리더들에게 위기관리에 필요한 프로세스와 Tool, 그리고 위기관리를 위한 현실적인 Solution을 정리하여 쉽게 읽을 수 있는 핸드북 형태의 소책자를 제공하면 혹시 도움이 되지 않을까 하는 바람에서 이 책을 저술하게 되었다.

아무리 기가 막힌 전략이나 혁신적인 아이디어를 기획

했다 하여도 실행하여 성과로 만들어내지 못하면 소용이 없는 것이다. 책에 제시된 프로세스에 맞춰 고민하고 토론하고 상호 피드백을 주고 받으며 지속적이고 일관되게 과제나 해결 아이디어가 성과로 나타날 때까지 달려보는 것이 중요하다. 책에 제시된 단계와 절차대로 위기관리를 해나가는 것이 순조롭게 진행되지는 않을 수도 있다. 리더그룹과 조직구성원 모두가 적극적으로 참여하고 열정과 노력을 쏟아 부어야 한다. CEO와 리더로서 단호함을 보여주기도 해야 한다. 물론 앞장서야 하는 것은 CEO와 리더들의 몫이다.

한국의 기업들과 조직구성원들은 위기에 닥쳐서 바닥을 치게 되면 바로 원위치하여 CEO에서 사원까지 One Team이 되어 한마음으로 위기를 극복해내는 DNA가 있음을 믿는다. 그래서 책을 출간하면서도 희망을 가지게 된다. 위기극복에 그치는 것이 아니고 우리 기업들이 한 단계 업그레이드 되고 초심으로 돌아가는 최강의 조직이 되는 모습을 그려 본다.

벗꽃 흩날리는 계절에

김 경 수

Chapter.1

Goal Holding
: 위기와 변화의 목표를 공유하라

Chapter.2

Tasking Working
: 조직이 변화를 위해 일하게 하라

Chapter.3

Feedback : 변화와 혁신의 모니터링을 측정하고 수정하고 보완해 일상화하라

Chapter. 1

Goal Holding
: 위기와 변화의 목표를 공유하라

위기/변화관리
리더십팀 R&R 설정과 목표 공유

||||||||||||||||||||||||||||||||
1. 벼리를 놓치면 그물도 잃는다

위기가 닥치고 위험이 감지되면 제일 먼저 점검해야 하고 Consensus를 모아야 하는 팀이 CEO를 포함한 경영진이다. 먼저 One Team이 되어야 한다, 이해관계가 얽혀 있고 위기에 대한 책임거론이 현실에서는 피할 수 없지만, 그럼에도 함께 전열을 정비하는 모습을 회사 전체에 우선 보여줘야 한다. 이런 시그널이 늦으면 조직구성원들은 불안해 하고 웅성대기 시작한다. One Team이 된다는 것은 한 목소리를 내고 동일한 메시지를 조직구성원에게 수시로 소통한다는 의미이다. 이를 위해 경영진이 모여 R&R^{(역}

^{할과 책임)}을 다시 검토하고 위기돌파를 위해 필요한 경우 재조정하거나 새로운 역할과 책임을 부여하고 통합하기도 해야 하는 과정이 필요하다. 현실에서는 회사가 어렵다고 모든 사업분야가 다 어려운 경우만 있는 것이 아니기 때문에 상대적으로 선방하고 있는 사업부가 역할을 더 맡아주는 것이 전략적 선택일 수도 있기 때문이다.

연초 혹은 연말에 수립된 사업목표도 위기관리에 적절한 수준으로 재설정하거나 조정하는 것도 이 과정에서 해야 한다. 목표공유라 함은 조정되거나 재설정된 목표를 경영진이 함께 동의하고 목표달성을 위해 같이 노력한다는 의미를 가리킨다.

||||||||||||||||||||||||||||||

2. 상황과 맥락이해

위기를 관리하는 과정에서 일어나는 갈등과 정치적인 계산들을 예상하고 절차를 진행해야 한다. 외부전문가와 컨설턴트의 지원을 받아 "^(가칭)위기관리 Kick-off Workshop"을 구성해 경영진들과 함께 지혜를 모아야 한다. 외부전문가의 지원은 객관적인 관점과 시각을 부여하고 공정한 W/S 진행을 도와줄 수 있다. CEO와 C-Level

---

돌파 조직

임원들의 관점이나 이슈와 사업부장들의 관점과 이슈는 다를 수 있다. 이것은 위기의 증상이나 근본적 원인에 대한 인식의 차이를 발생시킨다. W/S에서 이 차이를 충분히 토론하고 'Why?'를 묻고 경청하고 해석하는 시간들이 보장되어야 One Team이 만들어진다. 잘못하면 조선시대의 잘못된 조정회의처럼 서로 책임을 다른 파들에게 돌리고 경우에 따라 희생양을 만들어 자신들은 비난과 책임으로부터 피하려고 하는 모습이 재연되지 않도록 해야 한다. 위기관리도 사람이 변해야 효과가 있음을 인정하고 시작해야 한다.

CEO가 앞장서서 이순신 장군의 "死則生 生則死"를 외치고 솔선수범하는 모습을 보여야 한다. 위기의 사태를 희생양에게 책임을 지우는 것으로 몰아가려는 움직임이 있으면 단호히 막아서고, 책임은 CEO가 진다는 것을 분명히 해야 한다. '뭐, 다 아는 얘기를 자꾸 반복하냐'라는 반응도 있을 수 있지만, 이렇게 진심으로 실천하는 CEO가 그리 많지는 않다는 생각이 들어서이다.

사실 이론적으로 주장하자면 경영진이 모여 다 같이 사표를 제출하고 위기극복에 실패하면 물러나겠다는 각오로 임하는 것이 위기극복과 변화관리에 성공확률이 가장 높을 수 있다.

그만큼 위기/변화관리는 정치적 요소와 조직문화가 반 이상의 영향을 미친다는 것을 알고 시작해야 한다는 것을 강조하고 싶다. 이게 맥락이다.

||||||||||||||||||||||||||||
3. 단계

가. 경영진 Workshop을 기획한다

1) 참가대상을 선정한다. 글로벌 매출이 다수를 차지하는 기업의 경우는 해외법인장들도 참석시켜야 한다.

2) 주제는 긴박하고 우선순위가 가장 높은 것부터 선정하는 것이 좋다.

예) 해외 공장철수와 신규지역 결정, 조직 통폐합과 신규 사업본부 설립 등

3) 주제논의와 해결안 수립과정에서 경영진의 R&R과 사업목표 조정이 일어나도록 진행한다.

4) 외부 컨설턴트를 선정한다. 이들에게 W/S 세부설계와 아젠다 구체화, 사전인터뷰, W/S 퍼실리테이션의 역할을 맡기도록 한다.

5) 시간은 1박2일이 가장 효과적이나 여건이 허락하

지 않으면 1일 8시간으로 구성하되, 이 경우는 사전 과제해결에 필요한 자료준비를 해오도록 한다.

나. W/S 준비

1) 준비팀은 경영기획 또는 관리부서, HRD팀을 함께 구성하여 외부컨설턴트와 협업하도록 한다.

2) Pre-Meeting이라고 명명하고 외부컨설턴트가 참가자들을 사전 인터뷰하도록 한다. 인터뷰의 효과는 참가자들의 생각, 성향, 현재 이슈에 대한 인식들을 사전에 정리하는 자료가 되고 토의팀 편성에도 참고할 수가 있기 때문이다. 구성원들이나 사업부문의 인식 정도를 파악하기 위해서 간단한 설문조사를 병행해도 무방하다.

3) 참가자들 사전준비를 시켜야 한다.

- Calendar Test : 1일/1주일/1달/3개월 단위로 자신이 어디에 시간을 얼마나 투입하고 있는가를 data화 해보도록 한다.
- Self-Assessment : 변화 관리의 스폰서로서 자기진단을 해보도록 한다.

[예시] 자기진단표

진 단 항 목	항상	대체로	때때로	거의 안함	전혀
1. 생산성 향상을 위한 프로세스 혁신을 추구하고 지원한다.	5	4	3	2	1
2. 혁신을 이루기 위한 역할과 책임을 명확히 제시해 준다.	5	4	3	2	1
3. 현상을 타개하는 데 열성을 가지고 도전한다.	5	4	3	2	1
4. 혁신에 대한 개인적 역량을 발휘하며 솔선수범한다.	5	4	3	2	1
5. 혁신에 대한 외부압력에 응하기보다는 혁신을 주도해 간다.	5	4	3	2	1

다. W/S진행

1) 도입 : CEO가 현 상황과 W/S 추진 목적, 기대사항을 설명한다.

2) 기조발제 : 외부강사와 내부 담당자가 논의에 필요한 정보를 발표한다.

- 외부강사는 경제현황과 경제지표, 글로벌 경영환경 등을 도입 설명

- 내부담당자는 전년 대비 현재 경영실적과 이슈, 각 사업영역에 닥친 위기 중심으로 현상을 설명하고 공유시킨다.

3) 조편성 : C-Level^(CFO, CHO, CMO등..)과 사업부장들을

주제에 연관하여 편성함. CEO는 자유롭게 조들을 돌아다니면서 참석케 하고 답변이나 질문을 할 수 있도록 하는 것이 효과적임

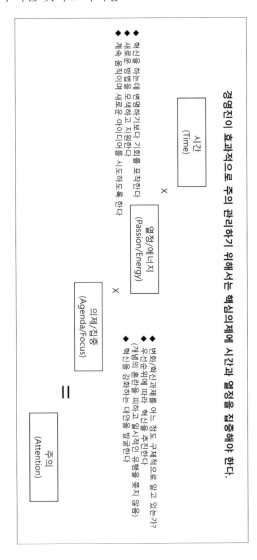

4) 공통세션 : 변화의 필요성에 대한 인식공유

- 위협/기회 매트릭스 표를 활용한다. 조별 발표를 통해 회사를 둘러싸고 있는 기회/위협요소를 명확히 하고, 증상이 아닌 근본적인 원인을 파악하고 공유한다. 사전준비된 과제와 연관하여 위기의식을 바탕으로 다음 조별세션의 토의로 넘어간다. (기회와 위협요소에 대한 이견이 발생하면 그냥 넘어가지 말고 잠시 휴식을 갖게 한 후 다시 토의를 해서 인식의 GAP을 없애고 진행해야 한다.

위협 / 기회 Matrix

1. 목적 : 혁신의 근거를 파악함으로써 혁신의 필요성을 개발키 위함.
2. 절차 : ① 참가자들이 직면하고 있는 위협과 기회를 모두 파악하고
   * 위협과 기회의 영역 : 경쟁,법률,환경변화,시장,종업원,기술,제품변화,리더십 등
   ② 그 가운데 어떤 Combination을 선택할 것인지를 결정함

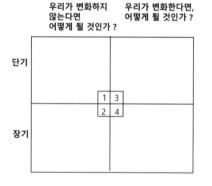

	위 협 우리가 변화하지 않는다면 어떻게 될 것인가 ?	기 회 우리가 변화한다면, 어떻게 될 것인가 ?
단기		
장기		

적 용

우리는 보통 어떤 Combination을 사용하고 있나요 ?

성공적인 조직의 경우에는 대체로 어떤 Combination이 가장 적절하리라고 생각하십니까 ?

예) Combination의 종류: (1,3) (1,4) (2,3) (2,4)

5) 조별세션 : 주어진 과제를 가지고 문제해결 기법을
   적용하되 브레인스토밍을 촉진하기 위해 포스트-
   잇을 사용하는 것이 좋다. 토의기법은 외부컨설턴
   트나 전문 퍼실리테이터와 상의하여 결정하면 됨.
   원인분석시는 Fish-bone Diagram을 사용하기도
   하고 해결안 평가시는 Pay-Off matrix를 사용하기
   도 함. 다음의 그림을 참고하면, Pay-Off Matrix는
   해결안이 여러 개가 나올 경우 해결안을 평가하여
   가장 노력과 비용을 적게 투입하고도 조직이 원하
   는 성과를 산출할 수 있는 해결안을 선택하여 바로
   실행해야 한다. 이때 선택하는 해결안이 "만루홈
   런" 영역이다. 단기적인 과제해결이 이 영역에 속
   한다면 "연장전"은 시간과 노력이 많이 소모되지만
   성과도 높게 나올 가능성이 있는 중장기 과제로 해
   석할 수 있다. 이때는 조직이 의사결정을 해야 한
   다. 단기과제 해결팀과 중장기과제 해결팀으로 나
   누고 중장기과제 해결팀은 특정조직에 편입되도록
   할 수도 있다.

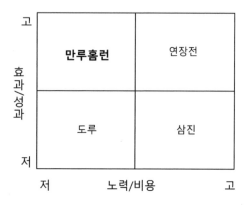

Pay-off Matrix

사안의 중요성, 최선의 해결책, 실행의 과정 등에 대해 팀 또는 개인으로 하여금 일관성 있고, 객관적인 결정을 내릴 수 있게 하기 위해 개발된 것으로 문제의 우선순위를 결정 하거나 많은 대안들 중에서 선택해야 할 경우 사용한다

6) 주제선정 방식

- 가) 동일한 주제를 각팀에게 부여함
  - 장점 : 깊이 있고 넓게 주제를 다룰 수 있고 같은 주제라도 관점의 차이가 발생할 경우 논의를 통해 상호 인식차를 해소할 수 있음. 목표와 상황공유라는 목적에 부합되는 방식
  - 단점 : 시간이 많이 소요될 수 있어 주어진 시간에 제한이 있다면 부담이 될 수 있음
- 나) 팀별 다른 주제를 부여함

- 장점 : 시간관리가 용이하고 합의를 이루는 데 시간절약이 가능해짐
- 단점 : 담당한 팀을 제외한 타팀이 이해부족으로 깊이 있는 토론이 어려울 수 있고 인식의 공유가 충분치 않을 수 있음

선택은 주어진 시간과 목적에 따라 최선안을 선택하면 되고 공유보다 구체적 해결안의 도출이 더 필요하다고 판단되면 나)안을 선택하면 됨

그럼에도 양쪽 다 만족해야 한다고 판단되면 퍼실리테이터와 조 리더가 Process Check라는 중간미팅을 통해 진행상황을 공유하고 방향 점검을 하는 방안도 있음.

7) 발표 및 결정

조별 발표하는 과정이며 정답 맞추기나 누가 더 잘 발표했는지가 목적이 아님을 분명히 해야 한다. 이를 위해서는 자기 조의 발표에만 신경쓰는 경향이 있으므로 퍼실리테이터가 질문을 골고루 하도록 지명질문을 하거나 결정할 최종결정권자가 두루두루 의견을 물어보는 노력이 필요하다. 최종결정

권자는 YES와 No를 분명히 해야 하며 당장 결정이 어려운 경우는 재검토나 유보의견을 분명히 해줘야 한다. 이것이 안 되면 힘들게 준비하고 참여한 경영진들의 힘을 빠지게 하는 원인이 되므로 특히 조심해야 한다. 최종결정권자가 결정이 어려우면 다른 임원들에게 의견을 구하는 모습도 결코 나쁘지 않다.

라. W/S 종료 후 Follow-up

1) 발표가 종료되고 결정된 해결안을 위해 전사 추진 조직과 각각의 실행팀이 구성되어야 한다
2) 전사추진 조직구성 : 해결과제에 대한 실행팀을 지원하고 관리하고 애로사항이나 장애요인을 해결해주는 역할을 하는 팀이다. 보통의 경우 CEO 산하에 두고 직접 보고하도록 하는 것이 효과적이다. 추진조직의 팀장 선정이 아주 중요하며, 이것이 성공 여부에 많은 영향을 주는 점을 경험상 확실하게 알게 되었다. 다음 장에서는 이 조직을 위기돌파팀 (가칭)이라 칭하고 구성과 역할에 대해 상세히 설명하려고 한다.

돌파 조직

3) 실행팀 구성방법 : 해결안 실행과 직접 연관이 있는 조직에 책임을 맡기는 것이 일반적이나, 전 조직에 영향을 미치는 해결안의 경우는 다기능팀으로 각 조직에서 팀원들을 선발하여 CEO^(또는 최종결정 권자)가 직접 관리하기도 한다. 현실에서 이슈는, 실행팀 선발시 유능하고 적합한 인재를 선발하기보다는 그 조직에서 잠시 빠져도 되는 무난한 인력을 선발하거나 나이가 있는 시니어급을 배치하는 경우가 있어 문제가 되기도 한다는 점이다. 이것도 전사 추진 조직이 모니터하여 CEO에게 보고하거나 해당 임원에게 압력을 행사해야 한다.

※ 경영진의 R&R재설정을 하거나 사업목표 조정 등은 실행팀을 구성하고 배치하면서 자연스럽게 조정할 수 있으며, 이 발표세션에서 소통하는 것이 효과적일 수 있음. 이미 위기의식이 공유되고 변화과제들로 우선순위가 공유되었으므로 경영진들의 반발이나 정치적 갈등이 최소화되기 때문이다.

4. Expert's Solution

가. CEO의 자제가 필요하다.

CEO는 1회의 경영진 W/S를 통해 기막힌 신의 한 수가 도출될 것이라는 기대를 할 수도 있다. 특히 이런 형식의 Workshop을 접해보지 않고 처음 시도하는 CEO는 당연히 기대수준이 높을 수밖에 없다. 그럼에도 전략적으로 본인의 기대를 높이지 않고 담담하게 참여하는 것이 필요하다. 설사 기대보다 낮은 수준의 해결안이 도출되었다고 실망하거나 좌절하는 모습을 보여서는 안 된다. 이것이 계기가 되어 전 조직이 집중하면 실행과정에서 더 좋은 해결안이 수정/보완될 수 있기 때문이다.

사업부나 공장으로 넘겨져 실행이 구체화되는 단계에서 2차 경영진 W/S를 진행하면 1차보다 더 효과적인 해결안이 완성될 수 있기 때문이다. 될 때까지 반복하는 조직이 결국 위기관리와 혁신에 성공하는 사례는 실제로 주위에서 많이 볼 수 있다.

나. 1번의 W/S가 잘 진행되었다고 하여 위기/변화관리가 잘 진행될 것이라는 낙관은 금물!

CEO는 W/S에서 합의한 실행계획을 일상적인 경영회

의마다 과정추진 상황과 결과를 보고 받고, 필요시 추가논의를 해야 한다.

다. CEO가 소통에 있어서 열린자세를 보여줘야 한다.

W/S에서 심도있게 논의가 진행되다 보면 CEO가 추진해온 회사전략과 운영방식에 대해 비판의 목소리가 나올 수 있다. 이때 한마디 반박을 하거나 언짢은 표정을 짓게 되면 논의가 조심스러워지고 건드리지 말아야 할 성역이 굳어지면서 형식적인 논의로 변질되어 버린다. 한번 굳어지면 아무리 풀어주려 해도 안 되는 사례를 W/S를 진행하면서 많이 보아왔다. 이때는 들어주고 왜 그리 생각했는지 질문을 던지는 것이 효과적이다. 인식의 차이나 체감온도가 다를 수 있으므로 오해된 부분이나 설명하고 싶은 내용을 CEO가 천천히 설명한다면 되는 것이다.

라. 일관성과 지속성을 유지해야 한다.

가끔씩 실수하는 CEO를 보게 된다. 월례조회나 공식 석상에 소통하는 과정에서 밀어붙여야 하는 변화 과제와 다른 맥락의 얘기를 하거나 참가자들이 변화 과정이 힘들다고 하소연하면 즉흥적으로 부담을 줄여준다는 식의 답

변을 하면 일관성에 타격을 입히게 된다. 이것은 스탭들도 CEO에게 바로 피드백해줘야 한다

마. 이해관계가 충돌하는 경영진들의 보이지 않는 저항과 태업이 보이는 경우, 바로 피드백하거나 외부컨설턴트의 지원을 받아 해당 부문의 변화 관리 교육을 진행하도록 경고성 조치를 취하면서 관리해야 한다.

바. 이와는 반대로 추진방향을 수정하거나 변화를 줘야 할 사항을 건의하는 경영진의 의견은 저항이나 반대로 받지 말고 일단 경청하는 수용 태도를 전략적으로 보여줘야 한다.

사. 상황이 급변하고 위급하게 돌아가면서 합의했던 사업전략이나 목표가 위협을 받을 때는 과감하게 재검토와 논의를 거쳐 취소, 수정, 새로운 방향 설정을 하는 용기와 유연성을 발휘해야 한다.

위기돌파팀 구성/
퍼실리테이터 역할 부여

|||||||||||||||||||||||||||
1. 위기 돌파를 위한 어벤져스가 필요하다

1-1에서 진행된 경영진 위기/변화관리 Kick-off W/S의 결과로 해결과제들이 도출되고 난 후, 각 과제별로 책임을 지고 실행하여 성과를 도출해야 하는 실행팀들이 과제별로 Task Force Team으로 선발되어야 하는 단계이다. 제일 먼저 전사차원에서 실행팀을 관리하고 지원해야 하며 지속적으로 모니터링하고 보고하는 역할을 담당해야 하는 전사차원의 조직이 필요하다. 이를 위기돌파팀으로 명명한다. 기존 조직에 경영혁신팀이 존재한다면 그 팀이 주축이 되어 다양한 기능부서에서 선발하여 다기능팀으로

편성하는 것이 효과적이다. 예를 들면 생산, 연구소, HR, Finance 등에서 고루 선발하면 다양한 관점과 소통에 효과적이다. 만약 혁신팀이 조직도에 없다면 경영기획이나 HR의 혼성팀을 구성하면 된다. 이 팀이 구성되면 변화관리(Change Management) 교육과 W/S를 진행할 퍼실리테이션 스킬 교육을 이수하게 하여 1차로 실행팀 W/S를 설계하고 퍼실리테이션하는 퍼실리테이터 역할을 부여한다

|||||||||||||||||||||||||||||

2. 상황과 맥락의 이해

가. 경영진 Kick-Off W/S가 종료되고 나면 회사의 분위기는 반반으로 갈리게 된다.

이제 회사가 새롭게 혁신과 변화를 시도하여 뭔가 달라지겠구나 하는 기대파가 반이라면, 나머지 반은 '뭐! 전에도 이와 유사한 시도를 하지 않았었나, 이번에는 외부컨설턴트까지 동원하여 좀 체계적으로 진행한 것은 같지만, 시간이 지나면 반짝했다가 원위치 되겠지. 그렇게 안되면 좋겠지만…'이라는 속내를 갖는다. 공통적으로는 '조금 더 피곤해지겠구나'라는 걱정을 하게 된다.

혁신과제들이 기존에 해오던 것을 다 버리고 이것만 하

돌파 조직

면 된다고 하면 누가 혁신에 반발하거나 저항을 하겠는가? 기존의 업무수행을 병행하면서 추가로 새롭게 고민하고, 익숙하지 않은 것을 적용해야 하는 부담을 감당해야 하기 때문에 혁신이 어려운 것이다.

나. 경영진인 리더십팀들간의 머리싸움이 일어날 수 있다.

회사가 위기상황이라 이를 극복하기 위해 리더십팀들이 머리를 맞대고 위기돌파를 논의한 마당에 그런 예상은 너무 과한 것 아니냐는 반응이 있을 수 있다고 생각한다. 경영진들에게는 고유의 목표가 주어진다. 보통 KPI라고 지칭하지만, 연말에 목표달성여부를 평가하여 임원인사에 반영하는 절차를 가지고 있다.

당장 위급상황이라 실행해야 할 실행과제가 부여되었고 공유하였지만, 과제가 성공한다고 모든 부문이 다 좋아지는 것은 아니다. 현실에서는 이해관계가 상충하게 된다. 자기가 담당한 부문이 축소될 수도 있고 확장될 수도 있는 것이다. 마냥 회사가 좋아진다면 우리가 희생하는 것도 거룩한 양보라고 생각하는 임원들이 대다수는 아니라는 것이다. 이 심리적 영향이 어디에 반영되겠는가? 바로 실행팀 멤버를 구성하거나 전사 차원의 위기돌파팀 구성시 핵심인력을 파견하는 데 영향을 미치게 된다. 즉, Right People을 보내주지 않는다는 것이다. 한편으로 자기가 담당한 부문에 떨어진 실행과제를 해결하고 실행팀을 구성해서 스폰서로서의 역할 수행을 주도적이고 적극적으로 해야 하는데, 면피 수준으로 하는 척만 하는 경우도 간혹 발생하기도 한다.

이런 장애요인 해결은 어떻게 해야 하나 궁금할 텐데, 2-1과 2-2에서 이 부분을 자세히 다룰 것이다.

||||||||||||||||||||||||||||||

3. 단계

가. 위기돌파팀의 미션과 R&R(Role and Responsibility)을 설정하고 합의한다

상황과 맥락의 이해가 위기관리의 성공 여부에 영향을 미치는 이유

위기돌파의 단계를 시작하기 전에, 지금 회사와 조직을 둘러싸고 있는 상황과 맥락을 파악하고 학습해야 한다. 위기관리에 성공하려면 기술적인 요소를 명확히 파악하고 세부단계와 절차를 구체적으로 이해하는 것과 함께 조직문화와 조직이 움직이는 역동성을 읽어내면서 동시에 한 단계씩 치밀하고 세심하게 나아가는 것이 반드시 필요하다. 너무 비관도 낙관도 하지 말고, 상황과 맥락을 이해하려고 노력해야 한다. 전후의 상황을 해석하고 단계별 실행이 적용될 때의 각 계층별 반응을 예상하고 대비하고 대화와 소통이 더 필요하면 화를 참고 인내하며 동일한 메시지와 답변을 반복해야 한다. 그래서 어떤 리더의 리더십하에 혁신과 변화가 성공하여 회사가 위기를 돌파해 낸 것인가 하는 질문을 항상 하게 되는 것이다. 상황과 맥락의 이해가 정말 중요한 이유이다.

위기돌파팀 구성전이므로 CEO의 Staff부서^(기획 또는 HR)가 초안을 작성해서 Draft 수준으로 1차보고를 한다. Kick-Off W/S를 지원한 외부컨설턴트와 함께 작업을 진행하면 효과적이다. 외부컨설턴트는 이미 경험을 보유하고 있기 때문이다. 1차 보고된 내용은 위기돌파팀이 구성되어 1차 W/S가 진행될 때 수정/보완하도록 하고 최종보고시 최종본을 보고하면 된다.

미션은 다른 사람들에게 팀의 존재 목적과 특성을 알려주고 팀 멤버들의 의사결정과정을 가이드해 주기도 한다. 보통의 경우는 "우리는 누구인가, 우리의 고객은 누구인가, 우리 팀의 목적은 무엇인가, 우리 팀이 어떻게 알려지기를 원하는가" 등의 이슈로 구성된다.

나. 팀의 위치를 정하고 팀원의 규모와 선발 기준 확정 후 선발한다

팀의 위치는 상징적인 메시지를 전하기 위해 회사 규모와 상관없이 CEO 직속으로 배치하는 것이 의사결정이나 신속한 대응을 위해 효과적이다.

그러나 기존 조직이 경영혁신의 역할을 수행하고 있었다면 시니어 임원이 맡고 있다는 전제로 그 밑에 위치시키는 것도 가능하다. 신임 임원이나 주니어 임원들이 역할을 맡으면 힘들어 하는 경우를 많이 보아 왔다.

한편 팀의 규모는 사안에 따라 결정하면 된다. 경험상 최소 3-5명은 확보되어야 기능을 할 수 있다. 인력선발이 부담스러운 경우는 외부 컨설턴트의 자문을 인력 대체로 활용하기도 한다.

다. 인원 확정 후 W/S를 소집하여 연간 활동계획을 수립하

여 보고한다

위기돌파팀이 구성되면 1박2일 정도의 W/S를 진행해야 한다. 이때 회식자리도 함께하여 거리감을 해소하고 상호 친밀감을 촉진시키는 것도 중요하다. 최고의사결정권자이자 변화의 스폰서인 CEO와 담당임원이 함께 참석하여 위기돌파와 혁신에 대한 기대사항을 명확히 전달하는 것이 팀원들의 사명감을 올리는 데 도움이 된다.

이때 내용에는 '팀 스타트업/미션과 R&R 재검토/연간 활동계획 수립/보고일자 합의/실행팀 구성시 협업전략 수립/ 간담회' 등이 포함된다.

W/S결과는 정리하여 CEO에게 선보고 후 경영회의에 보고하고 공유한다.

라. 전조직에 공문으로 공유하고 공식적으로 통보한다

위기돌파팀 활동계획 최종보고가 끝나면 공문으로 전조직에 팀 구성과 R&R, 활동계획을 전달한다. 공문과 함께 각 부문의 책임자들을 방문하여 협조요청과 기대사항, 궁금한 사항들을 청취하는 것이 전략적으로 유리하다.

마. 변화관리와 퍼실리테이션 스킬 교육을 실시한다.

변화관리 모델$^{(CAP등)}$과 단계별 절차, 필요스킬과 tool을 학습하고 과제별 실행팀들의 W/S를 설계하고 진행할 수 있는 퍼실리테이션 교육을 이수한다.

바. 실행과제별 실행팀을 구성하도록 해당조직에 요청하고 인원구성을 완료한 후 경영회의에 최종 보고를 한다.

전사 차원의 위기돌파팀이 준비되면 그 사이에 실행팀의 명단을 확정하고, 완료된 후 최종 계획과 일정 등이 포함된 보고를 경영회의에 보고한다. 이 과정에서 보완사항이 나올 수 있으니 예상질문과 답변을 위기관리팀 리더는 함께 준비해야 한다.

사. 위기돌파팀과 실행팀의 전체 W/S(위기관리 W/S)**을 기획하고 실시한다.**

1박2일 기간으로 실시하며 전체 실행계획을 공유하고 건의사항이나 critical issues들을 고민하고 나누는 장과 함께 공동의 목표를 위한 원팀이라는 의식을 심어줘야 한다.

※ 다음 장에서 위기돌파팀이나 실행팀에게 프로젝트 시작에 필요한 Team Startup 절차를 참고하기 바란다.

돌파 조직

4. Expert's Solution

가. 시작이 중요하고 흐름을 지속시키는 개입이 필요하다.

인간은 아무리 감동의 순간이 있어도 시간이 흐르면 덤덤해지는 것이 보통이다. 공교롭게 위기관리를 위해 변화를 시작하려고 하면 일들이 터지는 경우가 종종 생기는 것을 보아 왔다. 사건해결을 하면서도 필수적인 절차는 바로 진행해야 한다. 실행팀이든 위기돌파팀이든 인원 선발을 납기내 완료하도록 철저히 챙겨 나가야 한다.

CEO나 임원들도 지속적으로 반복해서 취지와 목적을 기회가 있을 때 마다 전달해야 한다. GE의 전 회장인 잭 웰치가 한 얘기가 있다. 경영자의 메시지가 구성원들에게 박히려면 동일한 내용을 7회 이상 반복해야 한다고 강조한 것이다. 시간이 흘러도 공감되는 주장이다.

나. 인원선발은 핵심인력과 고성과자 중심으로 선발하도록 관리하고 엄격히 해야 한다.

팀에서 팀장은 아니면서 시니어급이고, 팀장이 껄그럽기도 하고, 당장 빠져도 팀 성과에 영향을 미치지 않는 인력을 추천하는 경우가 있다. 이건 되돌려 보내야 한다. 그래야 바라보고 있는 조직구성원들이 위기돌파팀이나 실행팀에 대한 존중과 기대를 갖게 되는 것이다. 인원선발이 성공의 첫걸음이 된다는 것을 기억해야 한다.

다. 외부컨설턴트의 활용도 중요한 변수이다.

위기관리나 혁신에 관련한 선행경험을 가지고 있기에 전과정과 단계별 자문이 가능하기 때문이다. 특히 제3자의 시각과 관점을 제공할 수 있고 객관적이며 공정한 판단에 도움을 줄 수 있다. 그리고 내부에서 제안하거나 제기한 이슈에 답변하기가 어려운 것도 제3자인 컨설턴트의 입을 통해 적절하고 중립적인 답변을 할 수 있기 때문이다. 특히 어려운 CEO 보고나 경영회의 석상에서 팀을 대신해서 지혜로운 반응이 가능하다. 그래서 3자 개입이라는 intervention이 존재하는 것이다.

Team Startup
훈련

3

||||||||||||||||||||||||||||

1. 위기돌파의 첫 단추, Team Startup

경영진 Kick-off W/S를 통해 해결해야 할 혁신과제가 설정이 된 상태에서 위기돌파팀과 각 실행팀이 구성되면 본격적으로 프로젝트 팀[task force team] 형태로 운영되게 된다. 처음 팀이 소집되었을 때 팀의 목적과 성취해야 할 목표에 대해 명확히 공유하고 각자의 역할을 분명히 해야 한다. 특히 각 팀의 스폰서와 이해당사자들을 리스트업하고 이들의 기대사항에 대해서도 토론을 통해 공감하고 동의가 되어야 한다. 팀 활동이 가장 효과적으로 이뤄지기 위해 팀원 모두가 동의하고 반드시 지켜야 하는 Ground

Chapter.1 Goal Holding

45

rule도 합의해야 한다. 첫 미팅이 효과적이고 효율적으로 진행되어야 팀워크와, 한 만큼의 결과가 도출되는 팀 효과성을 확보할 수 있다. 이 절차와 도구들을 사용하여 하는 팀 kick-off 미팅의 단계를 'Team Startup'이라고 한다.

IIIIIIIIIIIIIIIIIIIIIIIIIIIIIIII
2. 상황과 맥락의 이해

평상시 훈련되지 않으면 프로젝트팀을 구성하고 활동하는 데 불필요한 시간과 에너지를 낭비하게 된다. 통상 프로젝트팀 구성에 신경을 쓰고 나면 프로젝트에 사용할 도구에만 집중하고 정작 팀워크를 촉진시키는 데 시간을 투자하지 않는다. 팀리더나 스폰서는 결과물이 납기내에 제출되는 것에만 집중하는 경향이 있어서 이런 절차를 중요하게 생각지 않고, 일정 시간이 흐르고 팀내 불협화음이 들리기 시작하면 그제서야 면담을 하고 간담회를 하는 우를 범하게 된다.

팀워크에는 팀원간의 상호이해와 긴밀한 소통도 매우 중요하다, 동시에 공동의 목표와 프로젝트가 종료되었을 때 완성되어 있어야 하는 결과물에 대해 팀 전원이 합의되어야 하고, 명확한 Output Image를 다 같이 가져야 한다.

이것을 팀리더, 스폰서, 팀원들이 수용해야 한다. 첫 단추를 잘못 꿰면 단추를 다 풀고 다시 채워야 하는 시간 소모를 각오해야 한다. 이것도 훈련과 교육이라고 생각해야 한다.

||||||||||||||||||||||||||||||

3. 단계

가. 상호인사 및 소개

아래 사항을 고려하여 자기소개를 한다.

1) 개인경험과 업무경험을 비춰볼 때 팀원들이 모를 수 있는 사항을 말한다.
2) 팀과 잘 조화되어 일하기 위해 도움이 될만한 사항
3) 프로젝트를 향한 자신의 숨겨진 관심이나 숨겨진 제안이 있다면?

나. 팀 미션 설정과 검토

미션은 팀활동의 방향과 목표를 제시하는 것으로 다른 사람에게 팀의 존재목적과 특성을 알려주고 최종 팀 의사결정의 가이드가 된다. 따라서 팀원 전원이 참여하여 미션을 합의하고 확정한다. 포스트-잇으로 중요 단어나 개념

등을 모으고 분류하여 문자로 만든다.

절차는 다음과 같이 진행하면 된다.

1) 팀원들은 Mission Statement 구성 요소별로 아이디어나 개념을 Post-it 한 장에 하나씩 적는다.

〈Mission Statement의 구성요소〉

- 우리는 누구인가?
- 우리의 고객은 누구인가?
- 우리 팀의 목적은 무엇인가?
- 우리는, 우리팀과 프로젝트의 Sponsor와 관련자, 그리고 외부 고객들에게 어떤 모습으로 알려지기를 바라는가?

2) 퍼실리테이터는 개인들이 작성한 포스트-잇을 모아 벽에 붙이고 통합/분류한다. 아래 양식을 참고하여 왼쪽에 Post-it을 통합/분류하여 붙이면서 개념들을 재정리하고 그것을 참조하면서 오른쪽에

Mission Statement를 정리하고 팀의 Consensus
를 모은다.

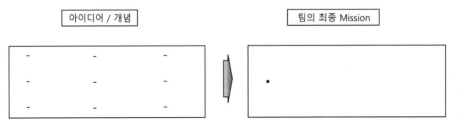

아이디어 / 개념

팀의 최종 Mission

3) 정리된 내용을 토대로 팀의 최종 Mission
Statement를 작성한다.
4) 작성된 Mission Statement에 대해서는 팀원들간
에 반드시 Consensus를 이루도록 한다.

이 과정이 쉽게 결론이 날 수도 있지만 시간이 많이 소
요되고 고도의 집중을 해야 하는 작업이므로 피로도가 바
로 밀려올 수도 있다. 이때 팀원들이 타협하면서 다른 개
념이나 의견들이 발생함에도 불구하고 그냥 넘어가거나
빨리 결론을 지어 버리려는 현상이 벌어지기도 한다. 한편
으로는 '빨리 결과물만 내면 되는거지 뭐 이리 추상적이고
관념적인 데 시간을 소모하느냐'라고 부정적인 반응을 보

이기도 한다. 팀리더와 퍼실리테이터는 이런 반응이 나올 때는 한 타임 휴식을 가지고 다시 시작할 때 미션의 중요성을 한 번 더 강조하고 시작하는 것도 효과적이다. 그렇게 힘들여 결과를 낸 미션을 막상 끝내고 다시 들여다 보면 평범하고 다른 사람에게 보여줄 때 효과가 있을까 하는 회의가 들 수도 있다. 그렇다면 다시 재검토하고 보완을 해봐도 별문제는 없으나 제3자가 볼 때 이해가 되는 것이면 경험상 그냥 확정지어도 문제가 되지 않는다.

미션의 예시로 하나 생각나는 것이 있다.

"고객의 비즈니스를 성공시키는 Solution Provider가 된다."

고객사가 원하는 제품의 원료를 개발하고 생산하여 공급하는 회사의 혁신실행팀 미션이었다.

다. 운영원칙 논의 및 합의

운영원칙의 예시는 다음과 같다.

- 팀리더의 주요역할
  - 미팅일정 계획과 조율
  - 퍼실리테이팅
  - 필요자원확보

- 스폰서 보고
- 서기는 중요한 결정과 실천사항 정리하여 미팅 후 2일 이내 배포함
- 팀 멤버의 역할
  - Agenda 제안
  - 사전준비 철저
  - 적극적인 참여
  - 실천사항 Follow-up
- 팀 운영상 룰^(Ground Rules)
  - 의사결정은 충분한 consensus를 통하여 한다.
  - 모든 팀 멤버는 의사결정 전 그들의 아이디어와 의견을 충분히 피력한다.
  - 팀의 모든 논의사항은 팀 외에 보안을 유지한다.
  - 적극적으로 주요 이해당사자들과 소통한다.

팀 멤버의 역할과 팀 운영상의 Rule인 Ground Rule을 합의한다.

Rule은 합의가 지연되고 혼란스러울 때 한 번씩 읽고 상기시키면 도움이 된다.

라. 팀 Charter 확인

'Charter'는 헌장이라는 의미이며 실행팀이 구성되었을 때 꼭 지켜져야 하고, 팀으로 갖춰져야 할 항목들을 강조하기 위해 사용한 용어이며, 4가지 항목으로 설명하려고 한다. 사용 가능한 Worksheet를 밑에 위치시켰다.

1) 프로젝트의 필요성

실제로는 실행팀이든 혁신추진팀이 구성되면 실행과제는 이미 부여되어 있는 경우가 대다수이긴 하나, 팀이 다시 한번 필요성을 검토함으로서 당위성과 필요성으로 재무장하기 위해 검토하는 질문 Worksheet라고 이해하면 된다.

☐ 이 프로젝트를 수행하는 것이 왜 가치가 있는가?	☐ 프로젝트의 어떤 활동들이 높은 우선순위를 가지는가?
☐ 왜 지금 하는 것이 중요한가?	☐ 사업의 initiatives와 목표에 이 프로젝트가 어떻게 연결되어 있는가?
☐ 이 프로젝트를 하지 않게 되면 어떤 결과가 야기되는가?	

2) 프로젝트의 범위설정

프로젝트 시작단계에서 프로젝트의 범위를 구체화하고

팀원간에 합의하는 것이 중요하다. 무작정 열정만 가지고 안 되면 되게 하라는 식의 출발은 진행 중에 범위로 인해 혼란과 갈등과 좌절에 부딪치게 된다. 어디까지 해야하고 할 수 있는지 객관적으로 검토해야 한다.

팀이 사용가능한 자원도 따져 봐야 한다. 아래 질문을 활용하면서 구체화시켜야 한다.

□ 이 프로젝트를 통해 무엇을 달성해야 하는가?	□ (만약 있다면) 프로젝트 팀의 영역 밖에 있는 것은 무엇인가?
□ 팀에 사용가능한 자원은 무엇이 있는가?	□ (만약 있다면) 팀이 활동하는 데 어떤 제약요소들이 있는가?

3) 프로젝트 기대목표

□ 달성해야 할 구체적인 목표는 무엇이고 그 시기는 언제까지인가?
□ 각각의 세부목표에 대해서 도달해야 할 중요 이정표(Milestones)는 무엇인가?
□ 목표 이상의 결과를 낳게 만드는 요인은 무엇인가?

4) 스폰서^(후원자)의 역할

스폰서는 프로젝트를 지원하고 보고 받고 의사결정해

주는 역할을 하는 사람이다. 주로 CEO와 경영자들이 담당하게 된다.

첫 시작 때 스폰서의 행동, 언어, 기대사항을 어떻게 표현하느냐가 프로젝트 성공에 지대한 영향을 미치게 된다. 보통의 경우 '잘 하겠지'라고 그냥 믿고 맡기는 것보다는 아래 항목을 가지고 인터뷰를 진행하거나 직접 스폰서가 작성해서 공유해주는 것이 가장 효과적이다. 이유는 스폰서도 실행과제에 대해 더 구체화시키고 명확화하는 시간이 필요하기 때문이다.

보통 경영자들은 혁신과제만 책임지는 것이 아니기 때문에 병행해야 하는 프로젝트가 자신을 바쁘게 하기 때문이다. 내면에서는 팀리더로 똑똑한 친구를 선발해서 이 친구가 좀 알아서 잘 리딩하기를 희망한다. 자기는 적절히 지원해 주고 방향만 정해 주면 팀이 잘 굴러가기를 원한다.

그러려면 전사 위기돌파팀이나 사업부내에 실행팀리더들이 이런 도구를 통해 스폰서의 구체화되어야 하는 R&R을 명시화해야 한다. 이 도구가 그런 목적으로 사용되어야 한다.

돌파 조직

□ 당신은 팀과 함께 어떻게 일하기를 원하십니까?	□ 당신은 팀으로부터 어떤 일상적인 보고를 원하십니까?
□ 당신은 팀의 진척상황을 어떻게 점검하실 겁니까?	□ 팀이 독립적으로 활동하도록 하기 위해 어떤 권한을 주시겠습니까?
□ 팀이 언제 당신에게 승인을 받으러 와야 합니까?	□ 팀의 진척상황에 관해 당신은 무엇을, 그리고 어떻게 알기를 원합니까?

마. 이해당사자 확인과 참여방안 수립 : 프로젝트 성공을 위해 반드시 참여시켜야 하는 이해당자들을 ARMI의 표시로 작성해 놓는다

A : 팀 결정에 대해 승인할 수 있는 사람(사장,사업부장등)

R : 외부전문가

M : 팀 멤버

I : 향후 후원가능 집단으로 프로젝트에 방향이나 정보를 줄 필요있는 사람들

바. 중간 미팅 일정과 방법 공유

● 중간보고일정 및 중간결과물 자체 팀체크 방법 결정(예: 일정대로 진행 중/추가작업 필요)

● 스폰서와 중간보고 일정에 대한 사전 합의도 함께 진행해야 함

사. 팀효과성 진단과 처방

팀이 제대로 운영되고 있는지, 합의된 목표는 제대로 설정된 것인지, 또 팀내에 효과적으로 목표공유는 제대로 되고 있는지, 역할분장은 적절히 되고 각자 맡은 바 실행과제들은 기대수준대로 가고 있는지, 팀원들간의 공감대 형성이나 소통은 제대로 되고 있는지 등도 결과물을 도출하는데 영향을 주는 요소이다. 팀 효과성에 영향을 주는 요소를 4가지로 정의하고 이를 GRPI라고 이름지었다. $G^{(Goals)}$-$R^{(Roles)}$-$P^{(Processes)}$-$I^{(Interpersonal)}$로 구분되어 각각의 현상을 진단할 수 있는 설문항목도 구성되어 있다. GRPI 진단은 팀 활동이 시작되고 2주에서 3주 이내에 시행하고, 결과를 가지고 서로 논의하고 좀 더 생산적이고 효과적인 팀

〈GRPI 세부내용〉

Goal Clarity & Commitment (목표의 명확성과 참여도)	Role Clarity & Accountability (역할의 명확성과 책임)
· 우리의 목적과 방향은 무엇인가? - 미션, 비전, 가치, 전략 · 우리의 이해당사자는 누구이며 그들의 요구는 무엇인가? 그들의 입장에서 볼때 우리는 얼마나 잘 하고 있는가? · 우리의 목표는 무엇인가? 그 이유는? · 그 목표는 구체적이며 측정가능한가? · 우리의 목적, 방향 및 목표에 대한 참여 수준은 어느 정도인가? · 팀원 개개인의 목표는 무엇인가?	· 주요 책임영역은 어디이며 책임자는 누구인가? - 중복되는 곳은 없는가? - 책임소재가 불분명한 곳은 없는가? · 구성원 모두가 기대되는 역할을 명확히 알고 있는가? · 누가 승인을 해야 하는가? · 누구와 상담해야 하는가? 누가 알아야 하는가? · 리더십 역할이 우리가 원하는 대로 다루어지고 있는가?
· 의사결정:우리의 절차는 명확하고 적절한가? · 평가와 보상은 올바른 행위에 초점을 맞추고 있는가? · 미팅은 효과적인가? · 우리는 명확하고 효과적인 문제해결 프로세스를 갖고 있는가? · 커뮤니케이션:적절한 정보가 적합한 사람에게 전달되는가? · 우리는 다른 팀을 대하는 절차를 얼마나 잘 관리하고 있는가? · 우리는 지속적으로 절차를 향상시키고 있으며, 지속적 개선을 위한 절차를 갖고 있는가?	· 구성원들은 소속감과 자신들의 가치를 느끼고 있는가? · 우리는 서로 지원하는가 대치하는가? · 우리는 갈등을 극복하면서 일할 스킬을 갖고 있는가? · 커뮤니케이션을 위한 규범들이 제대로 움직이고 있는가? · 우리는 먼저 이해하려고 애쓰는가? · 우리는 개인의 차이를 존중하고 활용하고 있는가? · 우리는 지속적으로 서로의 최고 이익을 위해 행동하며 신뢰를 구축하고 있는가?
Procedures for Working Effectively (효과적 수행을 위한 절차)	Interpersonal Relations (대인관계)

활동을 위해 개선, 보완 사항을 팀 리더와 함께 소통하는 절차를 거쳐 합의하고 바로 계획 일정대로 일을 해야 한다.

앞의 표는 각각의 영역을 진단하기 위해 질문해봐야 할 체크리스트를 설명해 놓은 것이고 그것을 좀 더 구조화시켜 설문문항으로 만든 것이 다음의 설문항목이다.여기서는 이해를 돕기위해 Goals에 대한 설문문항을 예시로 들었다.

〈작성요령과 활용방법〉은 다음과 같다.

다음 표와 같이 팀 리더의 점수와 팀원들의 점수를 레이다차트 형식으로 선을 연결한 후에 어떤 항목이 가장 갭이 크게 나타나는지를 확인한 후 그 항목에 대하여 리더를 포함해서 각자가 왜 그렇게 느꼈는지를 논의하기 시작한다. 이때는 구체적인 사례가 있으면 알려달라고 요청하면서 진행한다.

진행은 리더가 할 수도 있고 리더가 부담스러우면 Workshop을 진행했던 퍼실리테이터에게 부탁해도 효과적이다. 이 진단의 목적은 점수가 높고 낮음을 평가하는 것이 아니고 우리팀이 어떻게 하면 혁신과제를 성공적으로 완수할 수 있겠는가, 이를 위해 최대한 팀시너지와 효과성을 끌어올리기 위해 팀원들이 알고 있고 소통하고 공유할 영향요소들을 발견하고 해결을 위해 합의해야 할 사항들을 찾아내기 위한 도구로 활용하는 것이다.

　무작정 모여서 팀워크를 더 끌어올리자고 결의대회를 하는 것은 시간과 에너지만 낭비하게 된다. 이렇게 구체적인 인식결과를 함께 보면서 질문도 하고 해석도 하면서 오해도 풀면서 공감하고 소통하는 장을 마련하는 것이 진단의 목적임을 이해하면 된다. 하나의 '거리'라고 보면 된다.

GRPI를 활용한 프로젝트 팀의 현상진단(Goals)

항목	0%	50%	100%	팀리더	팀원
• 목적과 결과					
- 우리는 프로젝트의 미션과 비전을 명확히 알고 있다.				●	○
- 우리는 프로젝트의 미션과 비전에 대해 모두 동의하고 있다.				●	○
• 고객					
- 우리는 프로젝트의 이해 당사자가 누구인지를 알고 있다.				○	●
- 우리는 프로젝트의 이해 당사자가 무엇을 원하는지 알고 있다.					●
• 필요성					
- 우리는 이 프로젝트가 진정으로 왜 필요한지를 이해하고 있다.			○		●
• 목표와 결과물(deliverables)					
- 우리 프로젝트의 목표는 우선순위가 정해져 있다.			○		●
- 우리 프로젝트의 목표는 사업전략과 밀접히 연계되어있다.			○		●
- 우리 프로젝트의 목표는 구체적이며 측정가능한 것으로 설정하였다.				●	
• 프로젝트의 범위					
- 우리는 프로젝트의 범위가 어떠한지를 명확히 이해하고 있다.			○	●	
- 우리는 프로젝트의 범위에 대해 모두 의견의 일치를 보이고 있다.		○		●	
• 합의					
- 우리는 프로젝트의 목표와 범위에 대해 후원자와 합의를 형성하였다.		○	●		

● 팀리더
○ 팀원

4. Expert's Solution

가. 스폰서의 참석

이 단계에서 이 팀의 스폰서가 되고 최종의사결정을 하는 사업부장 또는 임원이 반드시 참석해야 한다. 이유는 그만큼의 중요성을 보여주는 상징성이 있기 때문이다. 첫 시간에 스폰서로서 기대사항을 간단히 얘기하고 잘 부탁한다는 인사와 함께 떠나 버리는 것은 그리 효과적인 리더십행동이 아니다. 최소 오전에 미팅이 시작되면 인사 후에 기다렸다가 점심을 같이 하면서 관심과 기대를 보여줘야 한다. 때에 따라서는 회의장 뒤에 있다가 팀 토의시 예민한 부분이나 초기 건의사항이 생기면 사후보고를 받지 말고 그 자리에서 해결해 주거나 답변을 해주는 것이 좋다.

나. 팀리더는 균형감을 가져야 한다.

통상 프로젝트팀의 리더가 되면 자기주장과 의견을 독점하지 말고 경청하고 듣는 자세를 가지라고 공식적이든 비공식적이든 코칭을 받게 된다. 이것을 단순하게 해석하는 우를 범하면 안된다. 팀원들의 의견을 경청하고 공감대가 형성될 때까지 기다려야 할 사안이 있고 신속히 결정해야 할 사안이 있다. 이를 구별할 줄 알아야 한다. 팀리더가 책임져야 할 사안도 발생한다.

다. 팀워크가 좋은 것이 관계가 좋은 것만을 의미하는 것이 아님을 리더는 알아야 한다.

팀워크는 팀이 내야 할 결과물을 납기내에 만들어낼 줄 알아야 좋다고 말할 수 있는 것이다.

라. 팀워크 진단의 필요성

팀으로 구성되어 활동 약 3주가 지나면 팀내 갈등, 소통 방식, 일하는 태도와 의사결정 이슈 등이 표면으로 드러나게 된다. 이때는 GRPI진단 도구를 활용하여 이슈들을 해결하고 토론하는 장을 마련하는 것이 효과적이다. 단순 수치만을 가지고 논하지 말고 그것을 계기로 'Why?'하고 상호 질문하고 답하는 방법을 적용하는 것이 효과적이다.

마. Mission Statement의 중요성

Mission Statement는 매우 중요한 작업이기도 하고 바로 모여 작성이 되는 데 시간과 에너지를 소모하는 작업이다. 좀 개념적이고 추상적인 내용인지라 하긴 하더라도 그렇게 쉽고 유쾌한 작업은 아니다. 평균적인 팀원들의 경우에 그렇다. 그러나 실행과제가 장애물에 부딪치거나 완성단계에 이르렀을 때 다시 읽어보고 초심과 본질을 검토하는 데 미션이 판단기준이 될 수 있다. 잘못하면 배가 산으로 가면서 실행과제 해결과 혁신을 마무리하는 오류를 범하게 되기 때문이다. 예를 들면 "고객의 성공을 위한 Solution Provider"라는 거대한 미션을 가지고 시작한 혁신활동이 타협과 타협을 거쳐 결국 회사측 원가절감과 그로인한 영업이익에 기여 정도로 종료되면 시간이 흐르면서 또 반복되는 고객과의 갈등이 발생되면서 시장점유율이나 시장에서의 지위가 위협받게 되는 위기가 찾아오기 때문이다.

위기관리 프로그램
Cascading

IIIIIIIIIIIIIIIIIIIIIIIIIIII
1. 정의

'Cascading'은 'cascade'에서 파생된 용어로 'cascade'
는 폭포라는 의미이다. 폭포는 위에서 아래로 떨어진다.
'Cascading'은 Top-Down을 체계적이고 전략적으로 해
야함을 강조할 때 주로 사용한다. 예를 들어 목표설정의
Cascading이라고 하면 회사 전체 목표를 설정한 상태에
서 위 목표를 달성하기위해 하부조직의 목표를 설정하게
한다. 그리고 회사 전체 목표를 달성하기 위해 사업본부의
목표를 설정하게 하고 사업본부의 목표달성을 위해 산하
조직인 각 사업부의 목표설정, 그 다음에 사업부에 속한

하위조직인 팀의 목표를 설정한다. 폭포가 위로부터 물이 넘쳐 다음 단계로 흐르듯이 이 단계에서는 위기관리 프로그램을 Top에 있는 경영진으로부터 현장에 조직구성원까지 공통의 언어와 개념을 가지고 적용하도록 한다는 의미로 Cascading이라는 용어를 사용하고자 한다. 회사 전 조직이 비전과 목표를 공유하고 혁신의 필요성을 함께하는 얼라인먼트가 이뤄지게 변화관리 프로그램을 전개해 나가는 단계라고 이해하면 된다.

||||||||||||||||||||||||||||
2. 상황과 맥락의 이해

전사조직인 위기돌파팀과 사업본부^(또는 사업부)에 변화관리를 담당할 추진팀이 구성되고 본격적으로 실행에 들어가는 시점에 와 있을 때 한번 점검하고 섬세하게 다뤄야 하는 것이 Cascading이다. 폭포 위로부터 시작하여 아래인 현장까지 제대로 위기의식, 혁신과 변화의 절박감, 전략과 방향성이 동일하게 흘러갈 수 있는 순서와 체제가 제대로 정비되어 있고 작동될 수 있는지 시뮬레이션 해봐야 한다. 특히 CEO와 임원들이 동일한 메시지를 밑으로 흘려 보내고 있는지 확인해 봐야 한다. 이 단계에서 일어날 가능성은 다음 단계보다는 높지 않지만 종종 일어나기도 한다. CEO가 전달하는 혁신과 비전의 메시지와 사업부장이나 임원들이 전달하는 메시지나 해석이 조금씩 다른 경우가 있다. 원인은 여러 가지가 있을 수 있지만 자신들의 입장이나 이해관계에 따라 해석을 달리하는 경우가 있을 수 있다. 현장에서 받아들이는 사람들이 자기들에게 익숙한 방식으로 해석하고 이해해버리는 현실도 존재한다. 심리학용어에 '확증편향의 오류'가 있다. 자신들이 믿고 싶은 것만 골라서 믿는다는 것이다. 아무리 사실과 증거를 들이대도 쉽게 돌아서지 않는 현상이다. 카더라 통신이 지속되는 이유가 여기 있다. 그 내용이 자신이 받아들이고 싶은 내용이라 나중에 가짜뉴스라고 해도 입장을 바꾸지 않는다. 이런 이유로 Cascading의 단계는 중요한 것이다. 혁신을 실행할 조직이 갖춰지고 합의된 혁신과제들이 정렬되었다고 하여 1단계의 반 이상을 해냈다고 안심하면 안 된다. 각각 조직이 각자 열심히 성공을 위해 달리는데 중간쯤 와서 점검하면 각 조직별로 각 과제별로 충돌이 발생하거나, 중복 이슈가 수면 위로 떠오르거나, 각 과제를 실행하여 성공시켜도 여전히 전사목표와 비전은 제자리에 머무르게 되는 어이없는 사태가 생길 수 있기 때문이다.

현실에서 일어나는 경우가 종종 있다. 이 단계에서 일어날
수 있는 상황과 맥락을 염두에 두어야 한다.

||||||||||||||||||||||||||||
3. 단계

가. 대상별 프로그램의 목표와 기준을 설정한다.

1) CEO와 경영진에게 제공할 프로그램의 목표는 변
화와 혁신을 주도하는 리더십 행동과 변화관리 프
로그램에서 수행할 sponsership의 이해에 중점을
둔다.

2) 팀장 대상 프로그램은 혁신의 필요성과 변화관리
절차 및 적용도구, 실행단계에 필요한 리더십행동
을 학습시킨다.

나. 병행하여 전사 공통 모듈을 개발한다.

1) 회사의 상황이 선발된 팀원들을 대상으로 1일 이
내의 교육이 가능한 상황이라면 교육을 시키는 것
이 효과적이나, 상황이 여의치 않다면 1시간 분량
의 e-러닝 모듈을 개발하여 의무적으로 이수하게
하는 것도 효과적이다.

2) e-러닝으로 구성해야 하는 공통의 내용은 CEO메
세지+회사의 위기상황+비전과 목표 재설정 내용+
향후 추진 전략+ 해줘야 할 역할과 책임 등이다.
3) 회사에 기존의 교육체계가 존재한다면 계층별 교
육에 공통모듈을 편성하여 운영하면 된다.

다. 프로그램의 퍼실리테이터를 양성하고 전파시킨다.

1) 전사조직인 위기돌파팀이 선행하여 변화관리 퍼
실리테이터 교육을 이수하고 난 후 사업부나 하위
조직의 실행팀들이 퍼실리테이터 교육을 이수하는
순서를 지킨다.
2) 첫 변화관리 W/S를 진행할 때는 외부전문가와 위
기돌파팀원이 Pair로 함께 퍼실리테이션을 하게
하고 실행팀은 뒤에 자리를 잡고 참관하게 한다.
이 단계를 마치고 나면 참관했던 실행 팀원이 W/
S퍼실리테이터 역할을 수행하게 하고, 위기돌파팀
이 참관하여 프로그램의 본래 목적과 취지대로 진
행되는지를 모니터링하고, 필요시 피드백을 제공
한다. 이 과정의 Cascading이 제대로 작동되고 있
는지를 체크하는 것이다.

라. Cascading 진행상황을 모니터링하고 필요한 조치를 한다

변화관리프로그램[W/S]이 제대로 적용되고 있고 계획된 결과물이 도출되고 있는지 모니터링하고 필요시 위기돌파 팀과 실행팀이 함께 미팅을 가지고 프로그램 실행에 보완 사항이 있는지, 추가 지원이 필요한지 등을 논의한다. 또 필요시 sponsor인 CEO나 임원들에게 즉각 보고하여 조치를 취하도록 한다.

이것이 중요한 이유는 현장과 Top레벨의 생각이나 인식의 Gap을 최소화시키는 활동이기 때문이다.

||||||||||||||||||||||||||||||

4. Expert's Solution

가. 공통의 언어를 경영진으로부터 현장 담당자까지 동일하게 사용하도록 커뮤니케이션 채널을 구축하고 관리

결국은 교육의 장이 필요한데 이 또한 만만치 않을 수 있다. 현장의 목소리가 비판적으로 나올 수 있기 때문이다. 위기라고 하면서 당장 변해야 한다며 교육으로 시간을 다 소모하는 것이 맞느냐 하는 것이다. 이 비판에는 냉정하게 대처해야 한다. 변화와 혁신이 제대로 일어나려면 초기단계에서는 교육을 통해 컨센서스를 이루는 것이 가장 빠른 방법이기 때문이다. 새로운 도구나 절차는 익숙하게 사용하기 위해서는 이에 대한 교육은 필수적이기 때문에 초기에는 묵묵히 비판을 들으면서 밀어붙여야 한다

이것도 변화관리와 혁신에서 중요한 리더십 행동이다.

나. 핵심인력이 되는 위기관리팀이나 혁신실행팀의 평가/보상 이슈 논의

위기관리팀이나 실행팀을 구성할 때 평가/보상기준을 수립하고 결재를 받았다면 가장 이상적인 모습이지만, 통상 그 타임에 위기관리팀과 실행팀의 평가/보상이슈를 꺼내기가 쉽지 않은 것이 현실이다. 이 단계에서 평가/보상 이슈를 올려놓고 논의하는 것이 필요하다. HR팀의 도움을 받아 진행하는 것이 효과적이다. 가끔씩 주최자의 입장이 되는 팀에게 인센티브를 부여하는 것에 인색할 때가 있는데 그건 옳지 않다고 생각한다. 중심을 잡는 위기관리팀이나 실행팀의 동기부여도 중요하고 이 팀원들이 만족해야 Cascading 과정을 더 잘할 수 있으며 중장기적으로도 위기를 돌파하고 두려움 없는 조직을 만드는 데 시범조직이 될 수 있는 것이다.

위기의식 공유와
공감대 형성

||||||||||||||||||||||||||||

1. 공감대를 조성해 혁신의 퇴로를 막아라

　1-5는 위기에 대한 공감대를 형성함으로써 위기극복을 위한 혁신의 필요성과 당위성을 조직 전체에 퍼뜨리고, 위협/기회 매트릭스 tool을 사용하여 객관적이고 구체적인 근거를 조직구성원들이 스스로 인식하고 만들도록 하여 혁신과제 실행에 대한 공감대를 광범위하게 형성시키는 단계이다. 혁신과 변화에 대한 요구와 필요성이 변화에 대한 불편함과 저항보다도 더 크도록 만드는 것이 이 단계의 목적이다.

||||||||||||||||||||||||||

2. 상황과 맥락의 이해

회사에 대한 위기의식은 CEO를 포함한 경영진과 현장에 있는 조직구성원간의 인식차이가 존재한다는 것을 알고 시작해야 한다. 매출이 줄고 시장점유율이 위협받고 있고 재고가 쌓이고 있는 상황이 닥쳐도 경영자들만큼의 위기의식을 현장은 느끼지 않는다. 더 정확히 표현하자면 위기이긴 하나 자신들의 책임이라고 절박하게 생각하지 않는다. 의사결정을 내린 경영진의 책임이 더 크고 자기들은 명령에 따라서 열심히 뛴 것밖에 없다는 속 마음을 가지고 있다. 겉으로 드러내지는 않치만 어떻게든 경영진이 해결책을 내놓고 방향제시를 해주기를 기대한다.

또 다른 생각도 한다. 이 위기도 어떻게든 잘 지나가고 정상화될 거라는 막연한 희망을 가지고 이 사태를 버텨내려고 한다. 위기의 원인을 심도 있고 다양한 관점으로 분석하고 고민하는 것보다는 우왕좌왕 의기소침해지면서 불안해 하는 경우가 보통이다. 위기를 위기로 받아들이지 않고 과소평가하거나 너무 심각하게 받아들여 버리는 현실이 존재함을 이해하고 시작해야 한다. 사실은 위기가 이미 진행되어 심각한 수준에 이르게 되고 나서 위기돌파를 위한 변화관리 프로그램을 시작하는 것은 효과를 낼 수 있는 가능성을 줄어들게 만드는 것이다. 타이밍이 중요하다. 위기의 전조가 보일 때 조직구성원들에게 위기의식을 공유시키고 극복 방안에 대한 공감대를 형성하는 것이 위기극복의 가능성을 높여 나갈 수 있음을 경영진은 분명히 알고 이 단계를 진행해야 한다.

||||||||||||||||||||||||||||||
3. 단계

가. 위기의 근거를 파악하고 혁신의 필요성을 구체화한다.

〈위협/기회 매트릭스의 적용〉

다음의 표에 있는 매트릭스를 2가지로 활용할 수 있다.

1) 위기관리^(돌파)팀과 혁신과제 실행팀만이 모여 사전 준비 미팅으로 이 tool을 사용하여 위기와 혁신의 근거를 만들어 본다.

결과물은 진술문 형태로 만든다. "지금 변하지 않는다면 단기적으로는 2~3년이내에 회사나 사업부가 어떤 위협에 직면하는가의 질문에 답하는 형식의 진술문을 만들고" 장기적으로는 어떤 위협에 직면하는가라는 질문에 답하는 진술문을 작성하는 작업을 하면 된다. 이때 장기를 3년에서 5년 후로 설정할지 7년에서 10년 후로 설정할지는 회사의 상황과 전략에 따라 정하면 된다. 멋진 진술문을 만드는 것이 목적이 아니라 과정에서 치열한 논의와 사실 확인, 상호관점의 차이를 좁혀나가고 변화에 대한 공감대와 위기의식을 전 계층이 함께 갖는 것이 목적임을 잊지 말아야 한다.

위협요소의 검토와 공유가 끝나면, 위협만 있는 것이 아니라 회사가 위기관리를 잘하고 변화와 혁신에 성공하면 단기적으로 장기적으로 그에 상응하는 기회가 온다는 것을 알고 어떤 기회들이 오는지를 예상하고 구체화시키는 작업을 동일하게 하면 된다. "우리가 변화한다면 단기적으로는 이런 기회를 맞이 할 수 있다"라는 식의 진술문을 작성해 낸다. 작성 과정에서 심도 있는 논의와 스스로에게 하는 질문들이 상호작용이 되어야 한다. 단순히 혁신과 변화가 고통스러운 과정이긴 하지만 성공하면 회사에 이런 기회가 온다는 것을 함께 나누고 동기부여시키는 효과를 함께 추구하는 것이다.

각 분면마다 1,2,3,4의 숫자는 실행과제를 추진할 때 전략적 선택과 집중의 근거로 사용할 수 있다. 4개의 매트릭스에서 단기적 위기인 1번과 장기적인 기회 4번을 선택하여 추진하기도 하고 단기적 기회 3번과 단기적 위기 1번을 선택할 수도 있다는 의미이다. 이런 절차는 아래의 관련팀들과의 Workshop에도 동일한 적용을 하면 된다.

2) 위기돌파팀과 실행팀이 퍼실리테이터가 되어 혁신과제에 간여하고 지원해 줘야 할 사업부나 팀들을 집합시켜 W/S를 진행할 때 위협/기회 매트릭스를 활용한다. 이때는 토의과정을 진행하면서 1)에서 생산한 진술문의 형태로 접근되도록 질문을 던지거나, 중간 단계에서 예시를 보여준다고 하면서 사전에 만들어진 진술문을 보여줄 수도 있다. 논의과정에서는 근거가 약한 주장에 대해 'why?'라고 질문을 해 관행적으로 던지는 위기의식이나 기회와 위협요소들을 구체적이고 명확히 하는 퍼실리테이션이 필요하다.

돌파 조직

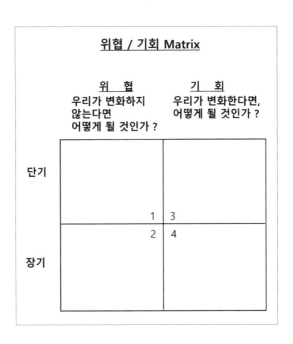

나. 3D접근법을 활용하여 근거나 자료, 증거들을 객관화시킨다.

3D란 Data/Demonstrate/Demand를 의미한다.

Data는 내부자료^(경영기획이나 사내 연구소 보고자료등), 외부네트워크를 통해 얻은 자료^(컨설팅사나 연구소), 글로벌기업이나 국내기업 벤치마킹 보고서 등을 말한다.

Demonstrate는 Best practice나 사내에 모범이 될 만한 사례를 발굴하여 롤모델로 삼을 수 있다. 이건 기준과

목표를 높게 책정하는 데 활용할 수 있다.

Demand는 고객의 소리나 요구, 경쟁사와의 차별화 포인트, CEO의 챌린지 등의 높은 기대치를 포함한다.

다. 위기의식 공유와 공감대 형성 단계에 대한 성과 평가

W/S가 종료된 후 다음 단계로 넘어가기 전에 단계의 목적이 제대로 달성되었는지 평가하고 넘어가는 것이 변화관리에서는 중요하다. 결과물이 나오고 참가자들 앞에서 발표되고 공유되었다고 성공 가능성이 높다고 판단하는 것은 좀 이른 평가라고 봐야 한다. 평가항목은 4가지로 적용하면 된다.

1) 우리가 현재 대응하고 있는 혁신의 이슈와 과제들을 고객과 조직구성원의 입장에서 볼 때 얼마나 잘 대응하고 있는가?

2) 혁신에 대한 필요성이 조직에 얼마나 널리 공유되었는가?

3) 혁신에 대한 저항보다 필요성을 조직구성원은 얼마나 더 크다고 인식하고 있는가?

4) 혁신과제로 실행하고 있는 이슈들이 사업성과에 얼마나 중요한가?

- 위협요인이기 때문에/기회요인이기 때문에/ 단기 또는 장기요인이기 때문에

||||||||||||||||||||||||||||||

4. Expert's Solution

가. 낙관은 금물이다.

이 단계를 당연하게 수용할 것이라고 생각하고 쉽게 공유와 공감대가 형성될 것으로 생각하는 실수를 해서는 안 된다. 모든 사람이 지금 현실에 몸 담고 있다면 당연히 누구나 위기의식을 가지고 극복을 위한 혁신과 변화의 필요성을 가질 것이라 낙관하는 오류를 범할 수 있다. 위기라는 타이틀은 공유할지 모르지만 구체적이고 명확한 위기의 실체, 근본적인 원인 등을 분명히 밝혀내는 과정에서 경영진과 현장의 인식 차이를 드러내고 깊숙한 토론도 진행되어야 하는 이유다.

나. 위기의 원인을 심도 있게 고민하고 구체적인 문장으로 정의해야 한다.

무의미하게 정의하고 규정하거나 보고용 문서로 처리하려고 하는 오류를 막아서야 한다. 증상과 원인을 구분하지 못하면 분명치 못한 진단을 근거로 잘못된 접근을 하는

실수가 발생한다. 그러려면 근거가 되고 참고 자료나 정보들이 수집되고 학습하고 분석되어야 한다. 평소 느끼는 불확실하고 겉도는 용어들은 조금 더 구체화시키고 통계수치도 필요하면 활용해야 한다. 특정부서, 예를 들면 경영기획이나 재무팀에서 주로 다루는 자료들도 같이 설명하고 이해하면서 공유해야 한다.

다. 겉보기와 다르게 위기에 대해 무감각할 수도 있음을 놓치면 안 된다.

변화관리 프로그램이나 W/S에 참가하여 열띤 토론을 하였어도 현장으로 돌아가서 일상을 접하면 위기의식과 혁신에 대한 강도가 퇴색될 수 있음을 전제하고 사후관리에 집중해야 한다. 정기/비정기적인 모니터링과 의사결정과정에서 일어나는 증상을 잘 구분하려고 노력해야 한다.

라. 공감대형성은 위기극복과 혁신을 실행할 때 매우 중요하다.

이 단계를 가볍게 여기면 혁신과제를 실행할 때 중요도와 우선순위 문제가 걸리게 되고 절박한 공감대가 공유되지 않으면 힘들고 어려워지고 장애물이 가로막으면 끝까지 가지 못하고 정지되어 버린다. 혁신과제가 실행되지 않으면 위기극복에 실패하는데도 힘들고 어렵다는 현실에 부딪쳐 돌파하지 못한다는 의미이다. 위기의식이 제대로 공유되고 절박한 심정도 함께 해야 극복됨을 분명히 알고 이 단계를 단순하고 당연하다고 생각하지 말아야한다. 첫 단추가 잘못 꿰어지면 결과가 어찌되는지 알 것이다.

현실인식 기반의
비전과 목표 설정

||||||||||||||||||||||||||||||
1. 혁신의 기반, "너 자신을 알라"

위기극복을 위해 혁신과 변화를 시도하는데 혁신과제들이 목표대로 성공하면 어떤 결과와 효과가 이루어질 수 있는지를 명확히 설정하는 단계이다. 혁신의 Output Image를 조직구성원 누구나 체감할 수 있는 시각적, 수치적, 행동적인 표현으로 명확하게 기술함으로써 변화와 혁신의 motive를 제공하기 위함이다. 이 단계는 범위에 따라 2가지로 구분할 수 있다.

전사 차원의 비전수립과 실행팀별 비전으로 나눌 수 있다. 위기돌파를 시도하는 경우 보통은 전사 차원의 비전

돌파 조직

재설정부터 시작하여 Cascading 방식으로 각 사업부 또는 전사 연합팀으로 구성된 혁신과제 실행팀들이 활동을 시작하기에 전사 차원과 실행팀 차원의 비전이 상호 연계되도록 전개되어야 할 것이다. 여기서는 실행팀 차원의 비전 설정에 중점을 두려고 한다. 그렇다고 비전 설정의 요소들이 완전히 다르지는 않고, 범위의 차이만 존재할 것이다. '현실인식 기반'이라는 용어를 사용한 이유는, 멋진 단어를 남발하거나, 대담해도 너무 현실과 동떨어진 목표를 비전화하는 것은 실제로 작동되지 않는 보여주기식 비전 작업이라는 오류를 피하기 위함이다.

|||||||||||||||||||||||||||||
2. 상황과 맥락의 이해

전사차원이든 실행팀 차원이든 이 단계에 이르면 오히려 생각이 복잡해진다. 이 혁신이 성공하여 성과를 내면 무엇이 달라지는지를 분명히 해야 하기 때문이다. 그것도 목표기술문의 차원이 아니라 여기서 나오는 성과가 조직의 비전에 얼마나 기여했는지가 구체화되어야 하기 때문이다. 그것도 고객관점과 사업관점, 열심히 뛴 구성원의 관점이 다 반영되어 있어야 하기 때문이다. Output

Image라는 단어가 제일 와닿기도 하지만, 실행팀의 이슈만이 아니라 실행팀을 지원해야 할 다른 조직구성원에게도 '저 팀이 이 난리를 부리고 변화해야 한다고 입에 거품을 무는 것이 이것땜에 한다는 것이구만'하고 한번 지켜보아야겠다라고 동의해주도록 하기 위한 도구 중 하나가 비전 설정 단계이기 때문이다. 쉽다고 하면 쉬울 수 있지만 원래 목적에 부합되는 비전 설정문이나 설정 과정에 참여시키는 것은 숙련된 퍼실리테이터가 필요하다. 특히 스폰서 역할을 하는 경영진들은 경험상 이 단계에서 두 파로 나뉜다. 뭔가 이 단계에서 멋진 비전문을 만들어야겠다고 직접 개입하는 태도를 취하는 파와 비전이 어차피 작성되어도 유효기간이 어느 정도 지나면 그냥 벽에 걸리는 액자가 되어 버리니 대강 모양새만 갖추고 더 중요한 단계별 세부목표 설정에 집중하자는 파로 나뉜다. 멋진 비전이든 아니든 집중해야 할 것은 지금 하고 있는 혁신활동을 다른 조직에도 알리고 이해관련 당사자와의 소통이 필요하다는 것이고 스폰서나 실행팀이 비전으로 한 목소리를 내는 것이 전략적인 소통이자 변화관리임을 알고 있어야 한다

돌파 조직

||||||||||||||||||||||||||||

3. 단계

가. 비전을 다음 표를 활용하여 작성한다.

포스트-잇을 사용하는 것은 좀 더 유연하고 자유로운 토론이 가능하도록 하기 위함이다. 이때도 퍼실리테이터는 특이한 개념이나 용어를 적은 포스트-잇을 관찰하고 있다가 질문을 통해 전체 의견을 토론으로 끌어내도록 해야한다. 비전설정 과정에서 상호인식 차이나 과제의 목표 수준과 전사 차원과의 alignment 이슈가 드러나기도 한다. 단순히 결정되었으니 그냥 가자고 하기보다는 기준과 방향 설정에 재보고가 필요하면 이 과정을 중단하고 스폰서에게 또는 전사 경영회의에 보고해야 한다. 치열한 토론과정이 중요하고 컨센서스를 이루는 단계라고 생각해서 시간배분을 해야지, 비전 설정을 목표로 밀어붙이는 것은 효과적이지 않다.

비전은 지금 실행하고자 하는 혁신과 변화의 Output Image를 명확하고 타당하며 구체적으로 설정해야 하며, 널리 이해되고 공유될 수 있어야 한다. Vision이 설정되면 Mission과 동일하게 최종 팀 의사결정의 가이드가 된다. 따라서 팀원 전원이 참여하여 비전을 합의하고 확정한다.

절차는 다음과 같이 진행하면 된다. Mission Statement 를 만드는 절차와 동일하게 진행한다.

1) 팀원들은 Vision Statement 구성 요소별로 아이디 어나 개념을 Post-it 한 장에 하나씩 적는다.

〈Vision Statement의 구성요소〉

* 우리는 누구인가?
* 우리의 고객은 누구인가?
* 우리 팀의 목적은 무엇인가?
* 우리는, 우리 팀과 프로젝트의 Sponsor와 관련 자, 그리고 외부 고객들에게 어떤 모습으로 알려 지기를 바라는가?

2) 퍼실리테이터는 개인들이 작성한 포스트-잇을 모 아 벽에 붙이고 통합/분류한다. 아래 양식을 참고 하여 왼쪽에 Post-it을 통합/분류하여 붙이면서 개 념들을 재정리하고 그것을 참조하면서 오른쪽에 Vision Statement를 정리하고 팀의 Consensus를

돌파 조직

모은다.

아이디어 / 개념

팀의 최종 Vision

3) 정리된 내용을 토대로 팀의 최종 Vision Statement 를 작성한다.

4) 작성된 Vision Statement에 대해서는 팀원들간에 반드시 Consensus를 이루도록 한다.

나. 비전설정문을 활용한다.

팀내 합의가 끝나면 스폰서 앞에서 보고하고 이때 비 전으로 결정되기까지의 과정과 고민과 근거와 가장 합의 가 어려웠던 부분을 중심으로 설명해야 한다. 정답맞추기 가 아니기 때문이다. 스폰서 보고와 합의가 끝나면 초기단 계이므로 다른 조직 구성원이나 이해당사자들에게 협조요청이나 소통시 비전을 먼저 설명하고 납득시키는 노력을 해야 한다. 이 프로젝트, 즉 과제를 하는 목적과 Output Image가 담겨 있기 때문이다. 변화관리에서 저항극복과 우리편 만들기의 수단 중 하나이기 때문이다.

||||||||||||||||||||||||||||||

4. Expert's Solution

가. 비전이 설정되고, 설명하고, 동의를 받았다고 조직의 비전이 세워진 것으로 착각하면 안 된다.

모든 구성원들이 동일한 의미로 비전을 해석하지 않고 나름대로 해석한다. 더 큰 문제는 회사의 비전과 개인의 비전이 서로 한 방향으로 정렬되기를 원하지만 반드시 매치가 되는 것은 아닌 게 현실이기 때문이다. 회사는 비전대로 성장, 발전해 가지만 자기에게는 뭐가 더 좋아지고 달라지는가에 대한 의문을 갖는다. 그것도 속으로 드러내지 않고 말이다.

나. 비전W/S이라는 절차를 거치고 시간을 보내면서 합의된 비전이 내재화 되어 있지 않기에 내재화가 되도록 추가교육이 필요하다.

추가교육시 포함시켜야 할 내용은 비전기술문에는 표

현을 담을 수 없지만, 비전이 달성되면 단계적으로 구성원들에게 어떤 메리트가 보장되거나 제공되는지를 구체적으로 알려주어야 한다. 예를 들어, 당장 연봉과 복리후생이 얼마나 좋아지는지, 승진의 기회와 다양한 직무영역이 펼쳐지는지 등이 포함될 수 있다. 이를 두고 숭고한 비전을 너무 계산적으로 접근해서 퇴색시키는 것 아니냐는 우려의 목소리도 있을 수 있지만, 현실과 이상의 Gap을 줄이는 시도가 누락되면 벽에 걸린 비전 액자로 전락해 버리는 것을 막으려는 시도임을 이해해야 한다.

다. 비전을 구체화할 때 고객 관점을 놓치지 말아야 한다.

비전을 구체화하려다 보면 실수할 수 있는 것이, 우리 회사와 조직의 관점만 너무 강조되고 반영되어 정작 우리 회사의 고객이 원하는 것과 거리가 벌어지는 경우도 있다. 조직구성원의 관점이나 회사의 관점이 무시되어서는 안되지만 고객의 관점이 덜 반영된 비전은 실제로 적용되고 인용되는 데 한계가 발생한다.

라. 비전이 단순하고 누구나 보면 이해하도록 작성되어야 한다고 다들 이해하고 있다.

그러나 막상 비전 작업을 하다 보면 이 지침대로 적용

하기가 쉽지가 않다. 그래서 자주 활용하는 것이 영어단어이기도 하다. 거기까지는 좋으나 너무 평범해진 비전문을 보고 수정보완을 시도하다 보면 복잡하고 어려워질 수 있다. 여기서 그 선을 넘지 않도록 하는 균형이 필요하다.

이때 참고하는 것이 경쟁사나 추격하고 있는 글로벌기업의 비전 선언문인데, 한 가지 고려해서 참고해야 하는 것이, 그 회사가 처해 있는 위치, 업계에서의 지위, 조직문화의 차이 등을 알고 해석해야 한다.

마. 비전은 경영진이 마음에 든다고 잘 작성되었다고 판단할 수 없다.

조직구성원들이 즉시 받아들일 수 있고 동기부여를 유발시킬 수 있을 정도로 대담하고 명확한 의미를 제시할 수 있어야 한다. 비전은 그 자체만으로는 의미가 없다. 사업상의 각종 장애물을 극복하는 데 강력한 지원을 이끌어낼 수 있어야 한다. 멋진 비전이 아니라 지속적으로 조직내에 작동되는 비전이 필요한 이유이기도 하다. 이 점도 경영진들은 유의해야 한다.

바. 비전작업이 종료되고 나면 다음의 체크리스트를 가지고 검토해 보아야 한다. 수정보완할 사항이 있는지 보

고 진행을 하면 된다.

- 프로젝트[= 혁신 실행과제]를 위한 비전이 명확하게 기술되었는가?
- 비전은 단순하고 솔직하게 표현되었는가?
- 비전은 동기를 유발하고 활동적인가?
- 비전이 Actionable한가?
- 팀이 얼마나 Vision-Oriented 되어 있는가?

사. 혁신활동의 성공 시점에서의 모습을 보여주는 비전은 다음 요소들을 반영해야 한다.

- 고객에 초점을 맞추어야 한다.
- 도전적인 내용이어야 한다.
- 이해하기 쉬워야 한다.
- 단 한 사람의 꿈을 나타내는 것이 아니라 팀의 참여의식을 보여줘야 한다.
- 고정적이거나 정적이지 않고 계속 발전해 나가는 모습을 담아야 한다.
- 실행 가능해야 한다.

Chapter.2

Tasking Working

: 조직이 변화를 위해 일하게 하라

변화목표 달성에
조직 참여시키기

||||||||||||||||||||||||||||||
1. 혁신의 사두마차를 어떻게 원활하게 몰 것인가?

Goal Holding 1단계를 완료하면 본격적으로 변화관리를 실행하는 2단계로 넘어간다. 시청하여 Tasking Working이라고 명명한다. Tasking Working의 세부단계는 6단계로 구성되어 있는데 첫 번째가 어떻게 변화와 혁신을 성공시키기 위해 조직 전체가 적극적으로 참여하고 관심을 가지도록 할 것인가라는 이슈이고, 조직에 참여시키기 단계이다. 비전과 미션을 공유하고 위기의식에 대한 공감대도 형성하였으며 실행팀도 구성되었다면 본격적으로 과제 해결을 시도해야 한다. 이때 전사 위기관리팀이든 사업부 실행팀의 과제이든 해결하고 추진하려면 실행해줘야 하는 현장의 관련 팀들이 참가하고 지원해주어야 한다. 또한 참가 정도가 아니라 적극적으로 참여해서 실행 아이디어를 내주고 때에 따라 Pilot-test도 해줘야 한다. 이런 사람들이 이해관계자에 포함된다. 이 단계를 변화와 혁신 추진에 실질적인 영향을 미치는 이해관계자들의 참여를 촉진시키고 유도하는 단계라고 정의할 수 있다. 주요 영역은 참여관리와 저항관리로 나눠볼 수 있다. 이 단계에서는 참여관리를 중점적으로 다루고 다음단계에서는 저항관리를 집중적으로 다뤄보고자 한다.

||||||||||||||||||||||||||||||||
2. 상황과 맥락의 이해

이 단계에 오면 혁신에 대해 긍정적이고 성공가능성이 조금 높을 수도 있다고 판단하는 인원수가 약간 많아진다. 그 이유는 이제 시작하고 있기 때문이고 아직 본격적으로 문제해결에 부딪치지 않고 있는 경우가 대다수이기 때문이다. 축구로 따지면 전반전이 막 시작되었다고 볼 수 있다. 그래서 실수와 오류를 겪게 되는 것이다. 특히 혁신의 스폰서가 되는 CEO나 경영자들이 그런 시행착오를 하게 된다. 분명히 조직을 갖춰주었고 Output Image에 대해 구체화시켜주었고 Kick-off workshop에 참가하여 충분히 생각과 의지를 공유했으며 프로젝트 팀원들의 실행의지를 발표 과정에서 보았고, 간담회 자리에서 의기투합하는 것도 보였기 때문이다. 이와 함께 스폰서들은 월례조회라든지 경영회의 또는 공장 순시 때마다 혁신과 변화에 대해 강조했고 변화의 필요성과 당위성에 대해 누누이 강조해 왔다. 따라서 조직구성원들의 참여가 100%는 아니더라도 80% 이상은 참여하리라고 기대하게 된다.

그러나 현실은 기대대로 흘러가지 않는다. 조직에서 각자 처해 있는 입장에 따라 관점이 다르고 우선순위도 다르다. 처음에 각오와 다짐이 시간이 흐르면서 약해지는 현상을 보이게 된다. 그래서 지속적으로 일관되게 열정을 가지고 혁신 과정에 동참하도록 관련자들이 참여하지 않으면 안 되게 공식/비공식으로 개입이 필요한 상황이 바로 이 단계이다.

||||||||||||||||||||||||||||||||
3. 절차

가. 변화에 적극적인 지지와 참여를 위한 교육설계와 운영

의도된 변화노력을 지원할 교육이 필요하다.

나. 의도된 변화지원과 지지를 위해 기존교육을 수정한다.

사원에서 부장^(책임)까지 계층교육에 공통 모듈을 개발하여 학습토록 한다,

예를 들면 "도약2030" 등과 같이 1시간 분량으로 혁신의 필요성과 당위성, 달성할 Vision, 성공하기 위해 해야 할 행동과 하지 말아야 할 행동 등을 내용에 포함시킨다.

다. 새로운 교육이 추가될 필요가 있는지 검토하고 진행한다.

혁신에 필요한 역량과 스킬교육을 프로그램화하여 신규로 운영한다.

예를 들면, 문제해결 프로세스, 디자인 싱킹, 갈등해결 방법 등을 개발하여 사례와 함께 학습시킨다.

라. 효과를 위해 On-Off 교육을 병행한다.
마. 변화 지원에 필요한 대상자를 세분화하고 필요 교육프로그램을 개발하고 운영한다.

혁신 스폰서십 교육과 Change agent 교육을 실행팀 중심으로 지속적으로 실시한다.

〈교육체계 예시〉

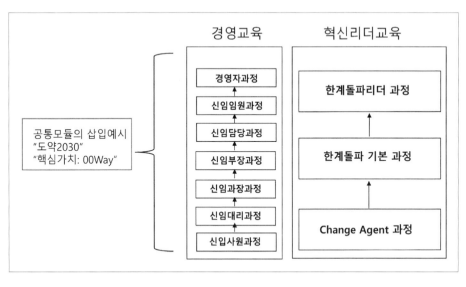

바. 변화를 지원할 컨설팅의 도입

사. 변화를 지지하도록 할 전문가이면서 안내자로서의 컨설턴트의 고용에 대해 검토한다.

변화 노력의 중요한 부분을 수행하게 할 전문가의 역할 규정과 고용 여부를 결정하고 변화 참여를 위해 참여식 방법을 택한다면 프로세스 컨설턴트^(예:조직개발 컨설턴트)의 고용도 검토할 필요가 있다.

---

4. Expert's solution

가. 환경을 바꾸어 스폰서들은 관련자들과 1:1 소통을 시도한다

스폰서가 되는 CEO와 경영자들이 회의장에서만 혁신과 변화를 강조하지 말고 밖으로 나가 1:1 소통을 시작하는 것이 매우 효과적이다. 간단하게 등산을 함께 한다든지 둘레길을 같이 걷는 것도 효과적이다. 이때 스폰서들은 팀리더와 팀원들과 교대로 걸으면서 진행과정을 묻기도 하고 자연에서 좀 편한 대화를 통해 지원사항과 장애요인들, 현재 분위기 그리고 팀워크 등에 대해 같이 소통하면 딱딱한 응접실이나 식당에서 나누는 대화보다 질적으로나 양적으로 더 생산적일 수 있다. 혁신의 대가로 평가되었던 대기업의 CEO가 이런 방식을 활용하는 것을 직접 보았고 참가자들에게도 반응을 확인했던 경험이 있다. 혹자는 이런 방식이 MZ세대에게도 통할 것인가라고 반문할 수 있다. 답은 "통한다"이다. 근거는 단순한 등산이나 하이킹이 아니라 자신들의 프로젝트의 스폰서와 같이 한다는 분명한 목적이 설정되어 있기 때문이다. 더구나 평상시 직접 소통하는 기회가 상대적으로 많지 않은데 이런 기회를 가지게 되는 것은 자신들에게도 유익하다고 생각할 것이기 때문이다.

나. 혁신의 당위성만으로 혁신에 동참하지 않는다.

누누이 강조하고 싶은 것은 혁신과 변화에 영향을 받는 자리에 있는 구성원들은 당위성과 필요성으로 혁신에 적극 참여할지 여부를 결정하지 않는다는 것이다. 이런 얘기를 듣게 되면 스폰서들은 동의하지 않을 것이다. 변화를 안 하면 회사가 위태롭고 그럼 자신들의 자리가 위협받는데 상식적으로 생각해도 자신들을 위해 따라오지 않을까! 꼭 그렇지 않다. 진실은 변화와 혁신을 해야 한다고 하면, 첫째로 익숙하지 않은 새로운 방식으로 바뀌는 일들이 들어오게 되고, 이것을 다시 익숙하게 숙달되도록 시간과 에너지와 노력을 더해야 한다는 부담감과 불편함이 먼저 마음에 걸리게 된다는 점이다. 심리적으로는 이렇게 싹 바꾼다고 성공한다는 보장이 있는가에 대한 반발감이다. 이 부분은 제법 설득력이 있다. 왜냐하면 기존의 시스템과 일하는 문화에 새로운 것들이 정착되어 성과를 내려면 시간이 필요하고 시험적용 절차가 있어야 한다. 이 과정에서 실패가 일어날 수 있기 때문이다. 이런 사례를 기회삼아 혁신 실행팀에 공격을 가하기도 한다. 그래서 초기 조그만 성공

체험을 만들어내야 하고 이것을 집중적으로 조직내 공유하는 것이 필요한 것이다.

두 번째로는 은근히 참여에 발목을 잡는 요소이다. 겉으로 대놓고 얘기하지 않는 정치적인 이유가 있다. 혁신과 변화가 진행되면 당연히 조직구조에도 변화를 주게 된다. 이 과정에서 힘을 잃는 조직이 있기도 하고 새롭게 힘을 얻게 되는 조직이 있다. 전략적으로 밀어줘야 하는 조직이 생긴다는 것이다. 당연히 힘을 잃게 되는 조직의 장과 핵심 리더들은 참여는 면피 수준으로 하면서 뒤에서는 안 되는 논리를 만들고 여러 가지 기회가 있을 때마다 논리로 무장하여 혁신과제를 공격하기도 한다. 오래전에 퍼실리테이터 역할을 하면서 생생이 경험한 바가 있다. 회사의 경영진들이 모여 1일 Workshop을 진행하였다. 논의주제가 심각한 주제여서 바짝 긴장을 하면서 진행했는데 조직개편을 통한 회사의 Turn Around 전략수립이었다. R&D조직의 국내외 통폐합과 함께 공장에 전진 배치 하자는 방향이었다. R&D의 수장인 부사장은 득보다 실이 많다는 논리를 근거와 함께 조목조목 따지고 들었다. CEO가 회사 전체 관점의 근거를 들어 설득해도 동의하지 않는 과정을 지켜보며 Political Issue를 신중히 다루지 않으면 참여관리는 성공할 수 없음을 경험한 바 있다.

돌파 조직

이런 경우는 공개적인 Workshop 이전에 사전 조율이 필요하고 CEO의 강력한 경고나 조치를 분명히 전달할 필요가 있다. 가능하다면 제3의 보직과 기회로 타협해 내는 방법도 있긴 하다.

다. 제3자의 개입을 활용

만약 규모가 되는 회사이고 예산집행이 용이하다면 제3자의 개입인 외부컨설턴트를 적절히 고용하고 활용하는 것도 전략적인 조치이다. 회사의 CEO나 경영자가 직접 메시지를 전하는 것보다 제3자인 컨설턴트가 동일한 메시지를 전하는 것이 더 먹힐 수 가 있다. 듣는 대상에게 더 객관적으로 들릴 수 있기 때문이다. 예를 들어, CEO가 조금 더 변화와 혁신에 적극적으로 참여해 달라고 강조하는 것보다 외부컨설턴트가 자신의 경험이나 데이터를 인용하여 참여 정도를 비교하고 강조하면서 이 정도로는 어렵다, 글로벌기업이나 경쟁사들의 참여의지는 평균 이상이라고 담담하게 전달하는 것이 더 영향력이 있다는 것이다.

부수적으로 컨설턴트와 Pair로 일하게 함으로써 핵심인력들의 혁신과 변화관리 역량을 키워나갈 수 있다. 잘 활용하면 본전을 뽑을 수도 있다는 것이다.

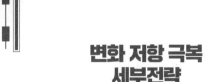

변화 저항 극복
세부전략

|||||||||||||||||||||||||||||||

1. 지피지기^(知彼知己)면 백전불태^(百戰不殆), 저항세력을 정확히 파악하라

변화와 혁신이 성공하려면 변화 주도 세력을 한데 모아주고 지지해주는 것이 반드시 필요하다. 모든 변화에는 반드시 저항이 따르는데 이 단계에서 저항 세력들을 정확히 파악하고 극복 방안까지 구체적으로 수립하는 절차를 집중적으로 하는 단계라고 볼 수 있다. 중점을 두는 것은 혁신의 저항과 장애요소들을 극복하여 모든 이해관계자의 참여와 몰입을 기대수준까지 이끌어내는 것이다.

||||||||||||||||||||||||||||
2. 상황과 맥락의 이해

혁신활동에 관여되고 혁신활동을 가시적으로 지원하고 있는 모든 사람을 끌어들여 하나의 집단으로 형성하고 네트워크 체계를 구축하는 과정이 본격화되는 단계에 접어들게 된다. 실제로 공식미팅도 잡고 비공식적인 저녁식사 모임도 활발히 가져야 한다. 혁신활동 초기부터 이 전략을 실행해야 한다. 혁신활동이 진행되면서 지속적이고 꾸준히 지지세력을 확보해 나가야 한다. 경우에 따라서는 믿었던 지지세력들이 오히려 저항을 노골적으로 하기도 한다. 그럴 수도 있다고 생각하고 흔들리지 말아야 한다. 앞에서도 언급했지만 사람은 누구나 변화와 혁신을 적극적으로 반기지 않는다. 그 사람이 나빠서가 아니라는 기본전제를 가지고 있어야 한다.

저항의 원인은 3가지로 분류할 수 있다. **기술적 원인/정치적 원인/문화적 원인**이 있다고 한다.

가. 기술적 원인

기술적 원인은 기존에 익숙했던 스킬이 아니라 새로운 스킬을 학습해야 하는데 따른 어려움과 일하는 방식을 바

꿔야 하는 불편함 등이다. 기존의 관행과 타성이 충돌하는 결과로서 저항이 발생한다.

나. 정치적 원인

정치적 원인도 주요 저항의 원천이 된다. 혁신과 변화로 인해 발생되는 권력과 권한의 불균형이 일어나고 조직 구조 개편으로 자신의 자리를 위협받는다고 생각하면 저항이 일어난다. 필연적으로 발생하는 혁신추진팀이 전사적으로 실행하는 혁신과 변화의 요구가 자신들에 대한 위협이자 공격이라고 생각하기 때문이다. 이 원인이 수면아래에 존재하기도 한다. 그러나 솔직히 이런 이유라고 노골적으로 말하는 사람은 없다. 대부분의 경우 다른 논리로 혁신과 변화를 공격하기 때문이다.

다. 문화적 원인

마지막으로는 문화적 원인이다. 혁신추진으로 인해 그동안 해왔고 지탱해 왔던 일하는 방식과 옳다고 생각했던 의식과 규범 등이 변해야 한다고 압박을 받기 때문에 갈등이 일어나고 쉽게 버리지 못하게 된다. 디테일하고 심리적으로 받아들이는 압박이나 갈등이 일어날 수 있음을 예

돌파 조직

민하게 받아들이면서 이 단계를 진행해야 한다. 당위성과 필요성에 대한 합의와 공유가 이미 여러차례의 기회를 통해 확인 되었는데, 막상 시작되니까 이제 와서 이런 반응을 보이는 것에 배신감과 분노로 반응하는 것에 대해 힘들겠지만 자제해야 한다. 저항극복이 제대로 안 되면 혁신과 변화는 성공하기가 어려울뿐 아니라 설사 계속 밀어붙인다 해도 예상보다 더 많은 시간과 자원, 에너지를 낭비하게 된다.

||||||||||||||||||||||||||||||

3. 절차

가. 혁신의 이해관계자 분석과 저항을 파악한다

이해관계자를 List-up하고 각각의 책임수준도 파악한다. 이를 위해 아래 혁신 이해 관계자 분석이라는 Tool을 활용한다. 분석절차는 1)에서 5)의 순서대로 작성한다

1) 혁신과 관련된 주요 이해 관계자를 모두 열거한다. 예를 들기 위해 4명만 list up했으나 실제로는 10명 이상 20명까지도 사안에 따라 필요할 수도 있다.

2) 각각의 이해 관계자가 이루고자 하는 혁신 활동

에 대하여 어느 정도 지지 혹은 지원하고 있는지를 표시한다. ^(X = 현재 수준)

3) 이루고자 하는 혁신을 성공적으로 완수하기 위해서는 각각의 이해관계자들이 앞으로 어느 위치에 있어야 하는 지를 표시한다. ^(O = 기대 수준)

4) 현재 수준과 기대 수준간의 차이를 확인한다. 여기서 이해관계자 전부가 '매우 지지' 단계로 갈 필요는 없다. 반대만 하지 않고 중립의 위치에만 있어도 혁신과제 실행에 성공할 수 있는 경우라면 그 정도에서 균형을 잡아야 한다. 현실적으로 '매우 지지' 단계까지 변화시키고 저항관리를 하는데 시간과 에너지를 다 사용할 수 없기 때문이다. 다음 예를 보면, A사업부장의 경우는 '매우 지지'까지 끌어내줘야 한다. A사업부가 실질적인 혁신의 주체이자 책임을 지고 주도적으로 나아가야 하기 때문이다. C연구소장은 여러 가지 이유로 반대 위치에 있지만 혁신과제 지원을 해주지 않으면 안되기에 '약간 지지'까지는 오도록 저항극복 전략을 심도있게 수립하고 설득해야 한다. C연구소장의 경우는 '매우 반대'에서 '약간 지지'까지 변화시키려면 Gap

이 다른 이해당사자들 보다 큰 경우이므로 보통수준의 노력보다 그 이상의 시간과 에너지를 투입해야 한다. 보통 혁신과제가 신제품개발인 경우에 그동안 해왔던 연구개발의 영역을 넘는 요구라고 판단할 때 연구소에서는 성공가능성이 낮다고 판단하게 되고, 논리적으로나 정서적으로 반대하고 저항하게 되는 것이다. 연구소 입장에서는 저항이 아니라 회사를 위해 무모한 시도로 인해 자원을 낭비하는 시행착오를 방지하겠다는 순수한 의도라고 주장할 수 있다. 이런 경우는 전사 혁신 추진팀의 스폰서가 미팅을 반복하더라도 지속적으로 설득하고 충분히 연구개발의 입장을 청취해 주고 회사의 요구를 설명해야 한다. 그래도 고집을 부리면 CEO가 나서서 경고하고, 그런 경우는 거의 없지만 후임 연구소장을 발령내는 인사조치를 해야한다. 혁신추진의 단호함을 조직에 보여줄 필요가 있다.

5) 각각 수준 차이, 즉 gap을 확인하고 나면 현재 수준과 기대 수준간의 차이를 메우기 위한 실행계획을 수립한다.

혁신이해 관계자 분석

성 명	매우반대 (-2)	약간반대 (-1)	중립 (0)	약간 지지 (+1)	매우 지지 (+2)
CFO			X ────→ O		
A사업부장		X ──────────────────→ O			
B공장장			X ────→ O		
C연구소장	X ──────────────────→ O				

나. 이해관계자별 저항극복 전략수립과 적용

이해관계자를 나열하고 각각에 대해 저항수준을 파악했다면 각 이해관계자들의 저항의 원인들을 분석하고 그에 맞는 저항 극복 전략을 수립해야 한다. 아래의 이해관계자별 저항극복 전략 표를 활용하면 된다. 예로 들었지만, CFO들은 혁신활동이 재무실적에 미치는 영향과 신규투자가 필요해지면 지원되어야 할 예산으로 인해 Cash Flow에 부담이 되는지를 판단하기 때문에 찾아가서 비전과 미션을 강조하면서 성공하는 모습을 열렬히 설명하는 것은 그리 효과적이지 못하다. 따라서 관심 있고 판단의 기준이 되는 재무장표와 설명이 설득력 있고 저항 극복에 효과적이다. 반대로 CHO들은 조직구조와 인력수급에 더 관심을 가지기 때문에 그런 측면을 강조하고 설명하는 것이 저항 극복 전략이 된다. 이 결과물로 지지세력의 확산

돌파 조직

이 이루어지게 된다.

이해 관계자별 저항 극복 전략

주요 이해 관계자	관심/흥미	대응전략
예) CFO	혁신활동으로 인한 신규투자 발생시 Cash Flow에 부담정도	혁신성공시 발생되는 신규매출과 영업이익 등을 숫자로 설명하고 협조요청

|||||||||||||||||||||||||||||

4. Expert's solution

가. 프로젝트팀은 다기능 연합팀으로 다양하게 구성

다기능 연합팀이 팀시너지에 긍정적 효과가 있다고 하여 보통 동일조직에서 다같이 선발하지는 않는다. 예를 들면, HR에서 뽑고 기획과 회계, 공장 등에서 선발하여 다양하게 프로젝트팀이 구성된다. 그러다 보니 보안 유지의 이슈가 발생된다. Stakeholder Analysis를 하게 되면 자연스럽게 팀원들 소속의 장들인 임원들이 대상에 오르게 된다. CHO, CFO, CSO, 공장장 등이 그들이다. 각각에 대한 저항 정도와 성향 파악까지는 부드럽게 흘러가나, 저항극복 방안을 수립할 때는 분위기가 달라질 수 있다. CFO는 숫자 중심이고 돈이 되는 혁신인지 돈만 낭비하는 혁신인지가 지지나 지원의 기준이 되다 보니, CFO에게는 숫자중심으로 지원 요청을 하고 우리 팀의 목표도 정량적으로 포장해야 한다고 결론을 내고 합의를 시도하자고 공유하고 나면 회계에서 온 팀원이 갈등을 하는 모습을 보게 된다. 자기의 직속상사인 CFO에게 이런 비하인드 스토리를 보고 해야 하는 것이 도리가 아닌가 하면서 보안 유지와 상사에 대한 의무감 사이에 갈등을 하게 된다. 만약 협상하려 하는 CFO에게 사전에 이런 사실이 전달되면 CFO도 사람인지라 불편하게 생각하여 의도대로 합의해 주지 않을 위험이 존재한다.

따라서 이 작업을 할 때는 해당 조직에서 온 팀원은 공식적으로 배제하고 극복방안 수립을 하든가, 아니면 성향 파악까지만 해당 팀원을 참석시키고 극복방안은 팀 리더가 보안유지를 하면서 하는 것도 현실적으로 필요하다. 실제로 발생하기도 했던 문제점이었다.

나. 저항관리의 중요성을 스폰서에게 이해시킨다.

이 단계의 중요성을 강조해도 문제해결 중심의 사고를 가진 스폰서는 저항관리라는 용어를 그리 신경쓰지 않는 경우도 있다. 그런 성향의 리더는 저항과 반발은 해결 방향이 논리적이지 못함으로 인해 발생되는 일이라고 치부하기도 한다. 간단히 말해, '보고서가 누구도 반박하기 어렵게 객관적으로 완벽하다면 누가 시비를 걸겠는가'라고 확신을 가지고 있는 리더이다.

이런 리더에 대한 설득은 일단 보고하고 협의하는 상태로 진행해 보고, 실제로 발생하는 저항의 종류를 느끼도록, 시행착오의 시간을 빠르게 지나가도록 프로젝트 팀리더가 지혜롭게 해야 한다.

다. 변화저항 극복 세부전략을 수립하고 적용해 가는 단계에서 흔히 발생하는 실수가 있다.

바로 정치적 측면에 민감하지 못하다는 것이다. 정치적 측면은 스폰서나 관련 팀장들이 대놓고 공개적으로 드러내지 않기 때문이다. 정치적 측면은 겉으로 노출되지 않지만 주로 조직의 파워게임의 형태로 작동되게 되고 혁신 추진에 따라 힘의 균형이 깨지고 한쪽으로 쏠리는 상태가 예견될 때 상대적인 박탈감을 느끼게 되는 리더그룹이 심리적인 저항과 함께 추진 과정에서 드러나지 않게 저항을 해나가는 것이다. 즉, 혁신의 결과물이 완성되었을 때 일어날 수 있는 기존 조직의 신규조직으로의 통폐합 등이 예상될 때 피해자가 될 수 있는 리더그룹들이다. 이들이 보여주는 저항의 행동은 논리적으로 혁신실행팀들이 제시하는 해결 대안들의 문제점을 지적하거나, Pilot test를 했을 경우 그 결과 중 드러난 그리 심각하지 않은 수정, 보완사항을 과대포장하여 혁신의 방향이 잘못된 듯이 문제제기를 하는 형태로 나타난다.

새롭게 시작하는 혁신과 변화가 정착되고 조직내 내재화되기까지는 시행착오와 시간이 필요하다. 그 시간을 지켜봐 주지 않고 문제점만 찾기 시작하면 완벽하게 피해갈 수 있는 혁신과 변화과제는 실제로는 존재하지 않는다. 정치적 측면의 저항을 이해하지 못하면, 좀 더 기가 막히고 완성도 높은 혁신과제 해결안이 준비되면 저항을 극복할 수 있다고 자신하게 된다. 설득의 시간을 꾸준히 가지게 되면 저들도 곧 이해하고 혁신을 지지하게 될 것이라고 낙천적인 희망을 가지고 전진하게 된다. 정치적 측면이 존재한다는 것을 인정하고 저항관리를 하는 것이 중요하다는 것이다.

돌파 조직

변화 지속시키기
(조직피로도 관리하기)

||||||||||||||||||||||||||||
1. 혁신의 파워를 시종일관 유지할 수 있는가?

혁신목표가 공유되고 실행팀들이 구성되고 프로젝트팀 활동을 통해 각각의 실행과제 해결을 위한 과정이 진행되고 있다. 이 과정에서 처음 프로젝트가 시작되었을 때의 열정을 계속 유지시키고 스폰서들의 지원과 지지가 계속되도록 하는 것이 매우 중요하다. 쉽게 말해 질병을 치료하기 위해 투약되는 약기운이 지속되도록 하는 것이 치료에 중요하듯이 혁신과 변화도 이 분위기를 얼마나 지속적으로 조직에 유지시키느냐가 중요한 것이다. 과정 중의 혁신의지를 지속시키는 것만 중요한 것이 아니다. 프로젝트가 종료되는 시점에서 해결안이 수립되고 나면 본격적으로 해결안들이 적용되고 실행된다. 이 시기에도 변화 지속 시키기는 계속되어야 한다. 결과가 구체화되어 본래의 목적대로 성과로 연결되느냐가 가시적으로 나타나기 시작하는 단계가 된다. 겉으로 보이는 것은 프로젝트 결과 보고와 Action Plan이 의사결정되고 합의되는 것으로 나타난다. 물론 수립된 해결안의 시험적용까지 종료된 상태가 보통이지만, 이제는 전 조직이 적용해 나가도록 해야 하는 단계인 것이다. 특별히 이제 혁신의 힘든 과정이 다 종료되었다거나 일시적인 활동으로 조직내에 인식되는 것을 어떻게 방지하느냐가 이 단계에 핵심사항이다.

||||||||||||||||||||||||||||||
2. 상황과 맥락의 이해

이 단계에서는 특히 혁신활동은 일시적인 활동이 아니고 지속되어야 한다는 것을 교육시키고 보여주고 조직 전체의 분위기로 몰고 가는 것에 집중해야 한다. 혁신이 성공하기 위해서는 변화를 어떻게 지속시킬 것인지가 성공에 반을 차지한다고 볼 수 있다. 그래서 혁신의 시작을 출정식도 하고 선포식도 하면서 자극과 촉진을 해나가는 것이다. 그러나 조직의 속성은 처음 열정과 각오를 계속 유지하기가 어려운 것이 사실이다. 그 이유는 2가지 정도로 크게 정리할 수 있다.

가. 시행착오

일하는 방식이나 접근 방식을 익숙지 않았던 새로운 방식으로 해야 하다보니 아무리 사전 교육과 훈련의 시간이 주어졌다 해도 불편한 것도 사실인 것이다. 또 새롭게 개발된 방법들이 적용되어 즉각 효과가 나타나면 그냥 따르려 하겠지만, 시행착오가 완전히 배제될 수가 없기 때문에 해보니 당황하는 것을 경험하게 되면 의심이 들기도 하고 괜히 문제 없는데 바꾸라고 하는 것 아닌가 하는 회의와 불안이 싹트기도 한다.

나. 조직의 피로감

혁신활동이 지속되면 성과를 보이더라도 조직이 지치게 된다. 조직의 피로도가 보이고 있다는 얘기가 돌기 시작한다. 혁신에 성공한 대표적 기업의 CEO들은 다음 단계로 넘어가는 데 장애가 되는 요인의 하나가 조직이 피로감을 느끼기 시작하는 것임을 고백한다. 그러나 이 단계는 혁신이 일상화가 되고 성공체험이 이미 내재화되고 있는 일정 수준에 오른 기업의 경우이지 혁신을 막 시작했고 시행착오를 겪고 있는 기업에게는 해당되지 않는다. 지레 혁신활동이 조직에 피로감을 준다는 것을 우려하고 미리부터 복잡하게 생각할 필요는 없다. 조직의 피로도를 어떻게 현명하게 관리하면서 혁신활동을 지속적으로 추진할 수 있는가는 쉬운 문제가 아니다. 단일 해법으로 이 문제를 해결하기가 쉽지는 않는 것 같다. 2장의 5번째 단계에서 다루는 혁신에 필요한 시스템과 조직구조를 어떻게 지속적으로 변화시켜 나가느냐에서도 힌트를 얻을 수 있을 것 같다. 지속적으로 인력을 인-아웃시키면서 조직을 생생하고 긴장감을 유지시키면서 여러 가지 사내 벤처 등과 같은 유연하고 동기부여가 살아있는 조직들을 운영해 보는 것 등도 고려할 수가 있다.

|||||||||||||||||||||||||||||
3. 절차

변화를 지속시키기를 위한 Big picture는 다음 그림을 참고하면 된다. 그것을 3가지 절차로 요약하였다.

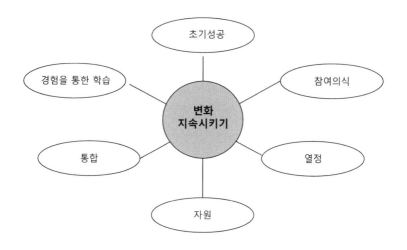

가. 혁신활동에 대한 결과를 확인시키고 초기 성공사례를 공유한다

1) 전사 위기돌파팀은 사업부에서 추진되고 있는 프로젝트의 진행사항을 합의된 계획에 따라 중간체크도 하고 필요시 수시체크도 하게 된다. 추진시 발생한 장애요인들에 대한 해결안 수립도 지원요청이 있을시 개입한다. 제대로 방향을 잃지 않고 가고 있는지 확인함과 동시에 초기 성공사례가 될 수 있는지 평가하고 사례화시키도록 지원해준다.

2) 초기 성공사례를 의도적으로 발굴하고 공유회를

기획한다. 변화가 지속되려면 "어, 이게 되는구나!" 라는 공통된 정서가 조직에 퍼져 나가도록 해야 한다. 또 조직간에 약간의 경쟁의식과 초조함도 자극해야 한다. A사업부의 혁신활동이 초기 성공사례로 정해졌다는 소식이 B사업부에 알려지면 스폰서나 프로젝트팀은 자극을 받게 되어 더 달리자는 의지를 가지게 된다.

3) 주의해야 할 것은 건수 위주로 초기 성공사례를 의도적으로 발굴하면 안 된다는 것이다. 공유시에 문제점이나 이슈 제기가 되면 신뢰가 떨어지고 역효과가 일어난다. 따라서 초기 성공사례의 기준을 회사에 맞게 정하여 기준에 따른 평가를 해야 한다. 그러나 초기라는 점을 고려하여 너무 완벽한 기준을 적용하는 것은 지양해야 한다. 성공사례가 되었다고 하여 마무리되고 종결되었다는 의미가 아니고 지속적으로 적용해 나가고 일상화되는 시간이 필요하기 때문이다.

나. 혁신활동을 조직의 문화/구조/시스템에 통합/연계되게 한다

1) 혁신활동의 결과가 조직문화와 시스템에 어떤 영

향을 미치는지 전사차원의 관점으로 검토한 후 추가조치 등이 필요하면 통합적으로 다루도록 한다. 예를 들어, 6시그마를 도입하여 혁신실행팀이 교육 받고 적용하였다면 전 조직에 활용할 필요가 있고 조직전체의 혁신의 공통언어로 6시그마의 철학을 공유하고 싶다면 자격증과정을 도입하고 승진 급시 사전 자격요건으로 인사제도화하고 일상 과제나 보고서에 6시그마 용어와 프로세스를 사용하도록 하는 것이다. 물론 주의할 점은 반드시 적용해야 할 영역과 선택 가능한 영역을 구분해야 한다는 것이다. 이미 겪어본 바, 6시그마의 부작용도 경험했기 때문이다.

2) 혁신과제들이 각 조직의 KPI와 통합되도록 한다. 특히 스폰서인 경영자들의 KPI 중에 혁신과제에 대한 성과를 조직의 상황에 따라 10에서 15% 정도의 비중으로 반영하는 것이 좋다. 지속적인 관심과 열정을 유지시키기 위한 장치라고 생각하면 된다.

3) 상시 혁신활동이 이뤄지도록 TFT 성격이었던 혁신 실행팀을 해체시키지 말고 조직에 통합시킨다. 사업본부나 사업부의 기획이나 HR에 위치시킨다.

다. Best Practice를 만들고 전파하여 학습의 전이를 시도

1) 초기성공사례를 포함하여 조직 내 전파되어야 할 Best Practice를 발굴하고 필요에 따라 매뉴얼 수준으로 작성하여 전파교육을 시킨다. 서로 다른 조직이라 하더라도 전파교육에 참석시키고 얻은 학습을 전 조직에 전이되도록 한다. 본사와 공장이 지역별로 분산되어 있을때는 Best Practice 전파교육을 지역별로 이동하여 시키고, 리더들은 별도로 본사에 집합시켜 전파교육을 받도록 하는 것이 효과적이다.

2) "우리는 다르기 때문에 그것과는 맞지 않는다"라는 반응이 있을 수 있다. 우리 사업부는 B2B이고 Best Practice로 발표한 사례는 B2C이기 때문에 기본출발이 다른데 무슨 도움이 되며 어떤 학습을 받으라는 것인가 하는 반응이 보통 나온다. 1차에는 그냥 진행하되 이런 반응이 학습전이를 방해하는 수준이라고 판단되면 조치가 필요하다. 가장 간단한 것은 교육 이후에 질문을 던져서 답하도록 하는 것이다.

"본 사례에서 얻을 수 있는 교훈이나 학습포인트가

있다면 무엇인가? 1가지 이상 발표해 달라고 요청"

이 질문에 답하기 위해 억지로라도 하는, 혹은 더 생각하게 하는 효과가 있고, 반드시 학습포인트는 발견할 수 있게 된다. 전파교육이 지속되면서는 추진팀이 미리 사례를 검토하여 전이해야 할 경험이나 학습거리들을 마지막에 요약하여 설명하는 시간을 마련하도록 하는 것이다.

3) 혁신활동 2년차에는 Best Practice 사례집 발간과 함께 정규 교육과정^(예 : 신임과장교육)에 case study로 편성하여 깊이 있게 다루도록 한다.

|||||||||||||||||||||||||||||||

4. Expert's solution

가. 배려가 계속되면 권리가 된다

HR에서 나온 말이다. 회사는 조직에게 조금이라도 배려를 보여주기 위해 여러 가지 복리후생의 혜택을 마련 해준다. 당연히 비용이 발생되는데 회사의 경영실적이 목표 수준을 유지하는 호황의 시기에는 문제가 되지를 않는다. 문제는 불황이 되고 경영실적이 악화되면 생존을 위해 비용절감 활동에 들어가야 한다. 그러다 보면 당장 복리후생

비용에 손을 대야 하는데 이 조치에 대해 조직구성원들은 이해도 하지만 불만으로 작용하는 것이 보통이다. 즉 회사가 성과가 좋아 베풀 때는 그렇게 받고, 힘들어지면 같이 허리띠를 졸라매야 한다는 의식과 태도를 갖게 되면 조직의 피로도 문제도 반은 해결될 수 있을 것이다. 변화를 지속시키기 위해 성과에 대한 보상과 배려를 계획하고 실행해야 한다. 그러나 이 과정에서도 배려가 계속되면 권리가 될 수 있다는 교훈을 잊어서는 안된다.

그렇다면 어찌보면 당연하고 이해가 되고 그런 실수는 하지 않을 것 같은데, 문제가 되기도 하는 이유는 무엇일까? 생각해 보아야 한다. CEO들이 혁신활동의 초기 성공 체험을 신속하게 발굴하여 조직내에 전파하고 눈에 띄게 보상을 하고 배려를 하는 것이 전략적인 활동이기 때문이다. 일회성으로 끝내지 않고 제도화시키는 것도 필요한 것이다. 포상의 내용을 조금씩 상향하는 것도 잘못된 결정이 아니다. 예를 들어, 첫 보상 차원의 배려는 수상자들과 시상식을 하고 상금과 호텔 식사를 기획했다면 적절한 조치가 된다. 두 번째 시상에는 동일한 장소에서 식사와 함께 공연을 보게 하고, 세 번째 시상은 또 다른 이벤트나 행사가 추가될 수 있는 것이다. 지속적인 혁신의 성과가 보장

된다면 해가 거듭되면서 추가되는 보상과 배려는 참가자들의 관심과 고마움을 증가시키고 혁신과 변화의 열정과 의지를 강화시키는 좋은 시도가 될 것이다.

　문제는 혁신의 성과가 목표를 하회하거나 급작스런 경영환경의 악화로 회사가 압박을 받기 시작할 때 전년도의 보상과 배려를 계속하는 것이 맞느냐는 것이다. 이런 고민과 갈등을 피해 갈 수 없는 것이 실제 비즈니스 세계이다. 변화를 지속시키기 위해 보상과 격려 전략을 실행하고 콘트롤하는 데 고려해야 할 요소이다. 혁신이 성공했을 때의 보상도 3년에서 5년의 중장기 계획을 미리 세우고 실행해야 하고, 넘지 말아야 할 기준을 선정해 놓고 치밀하고 신중하게 적용하는 것이 중요하다. 평시에 균형감 있는 제도와 시스템을 운영하고, 교육시키고, 모든 리더들이 리더답게 이런 이슈에 대해 제대로 소통하는 것이 혁신을 지속시키는 원동력이 된다.

나. 스폰서의 부재가 발생하거나 바뀌는 경우

　가장 힘들고 난감한 상황이 될 수 있다. 혁신의 스폰서가 인사이동이 되거나 퇴임하는 일로 인해 스폰서가 부재하거나 바뀌는 경우가 바로 그것이다. 특히 CEO가 바뀌면 후임 CEO가 전임 CEO의 혁신활동을 그대로 받아 계속 진행하는 경우가 그리 많치 않다. 신임 CEO가 자신의 철학과 색깔을 입히려 하는 성향이 있기 때문이다. 또 포장을 달리하려는 시도도 한다. 혁신의 본질과 목적이 변경되지 않는다면 이것도 수용할 수 있다. 물론 조직에 약간의 혼란이 발생하는 것은 감내해야 한다. 원래 CEO들은 전임자의 역사나 성과를 그대로 연결하거나 유지하려고 하지 않는다. 자신의 역사를 새로 쌓고 싶어 한다. 그러나 그 결정도 스폰서인 CEO가 책임을 피할 수 없으니 지속적인 설득을 시도해야 한다. 하지만 결정은 CEO의 몫이다.

변화관리 커뮤니케이션 채널 구축

|||||||||||||||||||||||||||||

1. 혁신의 커뮤니케이션을 위해서는 발품이라도 팔아라

혁신활동은 과제 해결에 집중하지만 결국은 외부전문 가와의 소통, 팀원간의 소통, 협조를 받아야 할 담당조직 과의 소통, 스폰서와의 보고와 소통, 그리고 무엇보다 중 요한 것은 혁신과제가 완료되면 그것을 일하는 방식에 새 롭게 적용할 조직구성원들과의 설득과 소통이다. 커뮤니 케이션을 어떻게 효과적이고 전략적으로 잘 해내느냐가 과제의 완성도와 함께 혁신 성공의 결정적 역할을 하게 된 다. 이 단계에 위치해 있지만 실제로는 혁신 시작을 알리 는 첫 Kick-off 미팅부터 커뮤니케이션 채널 구축은 기획

되고 실행되어야 한다. 혁신과정의 처음부터 끝까지 전략적으로 다루어야 할 단계인 것이다. 커뮤니케이션 채널 구축은 일시적인 행동이 아니라 지속적이고 일관되고 명확하게 커뮤니케이션 하기 위한 시스템을 구축한다는 의미이다.

혁신에서 커뮤니케이션의 목적은 첫 번째로는 필요 정보를 제공하고 불확실성을 줄이기 위한 것이다. 불확실한 상태를 방치하면 유언비어와 뒷담화가 활성화된다. 방치 상태가 오래될수록 커뮤니케이션에 투입되는 노력과 에너지는 더 커져 버린다. 두 번째는 조직을 설득하고 퍼져 있는 여론을 바람직한 방향으로 바꾸려는 데 있다. 혁신과 변화를 시작한 지 중간쯤이 되면 회의론이 싹트기도 하고 지지부진한 상태가 계속되면 조직구성원들 사이에 여론이 조금씩 부정적이거나 시니컬해진다. 혁신을 반대하거나 시큰둥했던 멤버들이 한마디씩 던지기 시작하면서 여론조성이 부정적으로 흘러가기도 한다. 이때가 스폰서나 혁신팀 리더들이 커뮤니케이션에 나서야 할 시간이다. 세 번째는 혁신 과정에서 제안된 대안들을 평가하고 결정하는 데 필요하다. 혁신 실행팀이 몇 가지 해결안을 만들면 관련자들과 1:1이나 1:다수의 미팅을 요청하여 대안들의 장단점

돌파 조직

을 설명하고 평가해 달라고 요청하는 것이다. 이 소통의 과정에서 혁신활동 전반에 대한 평가도 자연스럽게 주고 받게 된다. "발품을 판다"는 용어를 사용하지만, 커뮤니케이션은 그 만큼의 시간과 노력이 필요하다. 때에 따라서는 본사든 공장이든 직접 방문하여 인터뷰나 미팅을 하는 것이 커뮤니케이션에 효과적이기 때문이다.

‖‖‖‖‖‖‖‖‖‖‖‖‖‖‖‖‖‖‖‖‖‖‖‖‖
2. 상황과 맥락의 이해

가장 어려운 단계이기도 하지만 누구나 심각하게 다루거나 전문적인 관점이나 역량이 필요하다고 인정하지 않는 영역이다. "커뮤니케이션 하면 되지 뭐 그렇게 전략적이라고 하는가? 집합시켜서 필요 내용 잘 정리해서 설명하면 되는 것 아닌가"라고 얘기들을 한다. 그러나 내용이 잘 만들어져도 내용에 담긴 목적과 본질을 잘 설명해야 납득이 쉽게 된다. 커뮤니케이션도 그 상황에 가장 적합한 채널을 선택해서 사용할 줄 알아야 하고 앞뒤 맥락을 충분히 검토해서 커뮤니케이션의 양과 질을 결정해야 한다. 특히 누구에게 무엇을 얻으려고 소통해야 하는지를 먼저 파악해야 한다. 커뮤니케이션의 대상의 특성이 무엇인지와 같이 모아서 할 내용인지 분리해서 각각에게 어떻게 다른 관점으로 차별화하여 소통해야 하는지가 중요하다. 리더와 구성원들이 같이 들어야 할 메시지가 있고 따로 모여서 들어야 할 내용이 있는 것이다. 예를 들어, 혁신에 지지자이자 지원자로서의 역할이 절대적인 팀리더와 경영자들과 함께 조직구성원을 집합시켜 처음의 열정과 참여의식이 점점 식어가고 있고, 이제 다시 혁신에 대한 열정과 참여의지를 끌어 올려야 한다고 강한 어조로 소통을 하고 나서 바로 리더들에게 경고성 멘트를 날리는 것은 적절한 커뮤니케이션이 아니다. 조직구성원 앞에서 자기의 상사나 리더들을 지적하는 것은 그리 좋은 모습이 아니다. 모임이 종료된 후 갑자기 혁신 활동을 챙기는 리더의 모습을 순수하게 받아들이지 못하게 하는 계기가 될 수도 있기 때문이다.

이때는 서로의 역할과 책임이 다르므로 조직구성원들과 리더들을 분리하여 커뮤니케이션을 해야 한다. 혁신의 단계와 일정이 결정되면 그 일정을 참고하여 커뮤니케이션 일정을 계획해야 한다. 그러나 현실은 일정대로 진행되지 않기 때문에 미리 상황 발생으로 소통의 시간이 취소되거나 연기될 수 있다는 것도 미리 예상하고 약간의 여유를 일정에 반영해 두는 것도 지혜로운 방법이다.

||||||||||||||||||||||||||

3. 절차

가. 커뮤니케이션에 필요한 역할을 정한다

1) 주요 내용은 누가 주로 전달할 것인가?
2) 조직구성원에 대한 여론조사가 필요시는 누가 할 것인가
3) 누가 연설문 작성의 책임을 질 것인가?
4) 상황이 안 좋아질 때 누가 나서서 커뮤니케이션 할 것인가?

나. 커뮤니케이션 목적과 채널의 조합을 만든다

커뮤니케이션의 목적과 그에 맞는 소통방식인 채널을 어떻게 매치시켜 조합을 만들 것인가에 대한 큰그림을 그리는 것이 필요하다. 이때에는 다음과 같은 질문을 통해 조합에 대한 아이디어를 얻은 후 질문을 바탕으로 커뮤니케이션 목적과 부합되는 커뮤니케이션 채널을 매칭시켜본다.

<**채널 조합을 위한 질문표**>

- 당신은 일상적으로 사람들에게 혁신에 관한 정보를 어떻게 알리겠는가?

- 당신은 혁신의 진척 상황을 어떻게 측정하고 알리겠는가?

- 당신은 사람들의 지지를 얻기 위해 계속 반복해서 일어나는 어려움을 그들에게 어떻게 알릴 수 있는가?

- 당신은 어떻게 헛소문들을 시정하고 모든 사람이 혁신의 진척 정도와 기대되는 바에 관해 그들이 정확한 정보를 갖도록 하겠는가?

- 당신은 어떻게 당신의 커뮤니케이션 채널이 혁신에 관해 효율적으로 운용되도록 하겠는가?

다음 조합표의 목적은 '가장 대표적인 목적'을 나열한 것이므로 각 회사의 상황과 맥락에 따라 목적을 추가하거나 통합하여 사용하면 된다. 2번에 1대 다수의 경우도 일반적인 미팅의 종류로 예시했지만 회사의 특성에 맞는 미팅명을 기록해서 활용하면 된다. 주니어보드 미팅이 분기별로 실시된다면 중요 전달 대상자이므로 추가시키면 된다. 이것도 전사 혁신추진팀과 외부전문가가 함께 아이디어를 내고 합의한 후 최종 스폰서와 경영회의에 보고한 다음 실행하면 된다.

커뮤니케이션 목적과 채널의 조합

채널＼목적	정보제공/불확실성 감소	혁신 설득/여론의 변화	대안의 평가/결정	권한 위양 (Empowerment)
1. Written: ·회람				
·게시판				
·Memo				
·(기타)				
2. Oral:1대 다수 ·전체 미팅				
·주단위 스탭 미팅				
·운영관리자 미팅				
·(기타)				
3. Oral:1대1				
4. Symbolic: ·사외 회합 (off-site conference)				
·기자 회견				
·(기타)				

다. 커뮤니케이션 일정표를 만든다

커뮤니케이션 역할과 목적에 다른 채널조합표가 완성되면 연간 또는 반기 단위로 실제로 운영될 커뮤니케이션의 채널별 일정표를 작성하고 합의를 받는다. 아래 일정표는 예시이므로 회사의 상황에 따라 Media type를 적용하면 된다.

커뮤니케이션 실시 일정표(예)

내 용	1주	2주	3주	4주	5주	6주	7주
1. 혁신배경/필요성		D Q 2 4	Q D A 4 5 2	Q Q A I 4 4 1 4	A 3		
2. 혁신 Vision			A D 2 2	A G Q I 1 1 4 4	P A G 4 3 2	P G 4 5	
3. 조직문화			A 2	A Q 1 4	H K R A 4 4 4 3	E F H 4 4 4	A 5
4. 개인적 관심사			(필요시) C D 4 5	B M D 1 1 1	L K B 1 4 3	M D L J 3 3 3 4	B M D 5 5 5

‹——————————————————— 2025 ———————————————————›

Media Types

A 캠페인	G 시리즈물	M 화상회의
B 게시판(Bulletin)	H 비공식 회의	N 교육
C 스티커	I 공식회의	O 컨설팅
D Article(기사)	J 성공현장방문	P Guide
E 팜플렛	K On Line	Q 사보게재
F 강의	L 성공사례 배포	

Audience Groups

1. Business Leader, 팀멤버
2. 관계부서장, 전문가 집단
3. 추진자, 모니터링 담당자
4. 조직구성원
5. 외부고객

|||||||||||||||||||||||||||||

4. Expert's solution

가. CEO를 포함한 스폰서들이 소통에 지치지 않도록 사전에 각오를 다져야 한다.

스폰서들은 초기에 열심히 돌아다니면서 혁신의 중요성을 강조하고, 참여와 열정을 몸소 보여주고, 전 계층에 걸쳐 조직구성원들과 반복되는 메시지를 열심히 소통하고 전달한다.

눈빛이 변하고 언어가 달라지는 모습을 조직이 보여준다면 얼마나 좋겠는가? 스폰서들이 힘과 에너지를 얻고 더 열성적으로 전진할 것이다. 그러나 현실은 그렇지 않다.

들려오는 소식은 "혁신까지 들어와서 한 번에 해야 할 일이 너무 많아지고 있어서 힘들다. 이것도 중요하고 저것도 중요하다고 하는데 우선순위를 정해줘야 하는 것 아닌가. 너무 혼란스럽다" 등등이다

스폰서들이 지치기 시작하는 것이 문제가 된다. 역시 이 조직이 변하기가 어렵구나 하는 실망감까지 갖게 된다. 스스로 목표 수준을 타협하려고 미리 시나리오도 마음속으로 준비하는 경영자들도 있다. 따라서 자신이 혁신을 위한 역할 중에서 스폰서이기도 하고 혁신의 주체이지만, 한편으로 본인도 혁신의 대상이 됨을 인식해야 한다. 스폰서 본인도 혁신과 변화에 대해 싸워 나가야 한다. 혁신과 변화를 위해 스폰서는 인내와 끈기, 지구력을 갖추려고 노력해야 한다. 전략적으로는 바로 본인이 지친다고 느낄 때가 혁신팀들도 지쳐가고 있는 때임을 알아차리고 한 타임 쉼을 가져야 한다. 혁신 등반대회라든지 스트레스 관리 등의 외부강의, 유명인사 초청하여 가벼운 인문학 강의 등이 그것이다. 이벤트도 하나의 소통이고 커뮤니케이션이다.

나. 모든 일정의 우선순위를 혁신 관련 소통에 두어야 한다.

그러나 현실은 비상상황이나 긴급상황이 발생하기 마

련이다. 이때가 위기이지만 기회가 된다. 공장에 사고가 발생했고 인명피해가 다행히 안 나고 바로 수습 중인 정도면 이미 계획된 혁신 간담회라든지 중간보고일정은 소화해내고 공장으로 가는 것도 상징적으로 혁신을 우선순위에 두고 있음을 보여주는 중요한 소통방식이다.

다. 신속한 보고 채널 구축과 활용도 중요하다.

특히 혁신과제 실행 중에 일어난 사소한 시행착오도 스폰서에게 실시간 보고하며 "알고 계시라고" 소통해야 한다. 이것이 중요한 이유는 여전히 혁신에 대해 저항감을 가지고 있는 대상자들에게는 사소한 실수도 먹잇감이 되기 때문이다. 그들이 부풀려서 자신들의 해석까지 첨가하여 마치 혁신 과정이 실패에 부딪친 것처럼 공식적인 자리에서 슬쩍 흘려버리면 사전에 보고 받지 못한 스폰서는 당황하게 되고 화가 나서 실행팀을 추궁하게 되는 일이 벌어진다. 이때 혁신 실행팀의 리더가 별 거 아니라서 보고 안 드렸다고 하면 그때부터는 스폰서는 팀 리더의 말을 진실로 이해하기보다는 변명으로 취급해 버린다. 그때가서 "억울하다. 왜 우리를 못 믿느냐" 하는 것은 아마추어 같은 반응이다. 커뮤니케이션 채널 구축과 활용이 중요한 이유이

돌파 조직

다.

라. 커뮤니케이션을 효과적으로 한다는 것은 말 잘한다는 것이 아니다.

전달 내용에 너무 과다한 정보를 담게 되면 전달하고자 하는 내용이 제대로 전달되지 않는다. 전달의 양을 잘 결정해야 한다. 당연한 얘기라고 치부하겠지만, 실제로는 이것도 포함시키고 저것도 중요하기에 빼지 말고 이건 들어가면 이해가 쉬울 것 같다고 결정되기 쉽기 때문에 이런 일이 벌어진다.

다른 하나는 질문에 대해 정확히 답변해주어야 하고 진행하고 있는 일들에 대해 피드백을 명확하게 해주어야 한다. 만약 그냥 넘어가고 리더와 스폰서 간에 주고 받기만 하면 피드백을 원하는 팀원이나 조직에게는 나중에 문제가 된다. 다 진행했더니 아니라고 하거나 수정, 보완해야 한다고 하면 누가 힘이 안 빠지겠는가?

변화를 위한 시스템과 조직구조 다루기

||||||||||||||||||||||||||||||

1. 새 술은 새 부대에 담아라

혁신활동이 시작되면 그 과정에서 기존 조직구조와 시스템에 변화가 필요하게 된다. 당연히 새로운 방식이 개발되고 적용되기 때문이다. 이때 변화와 혁신을 완성하고 강화시켜 성공으로 이끌기 위해서는 기본 토대들을 구축해야 한다. 어렵게 프로젝트팀이 해결안을 수립해서 혁신 실행과제를 실제 현장에서 적용하려고 하는데 조직의 제도와 시스템은 변화되지 않은 이전 버전이라면 적용을 할 수도 없고, 한다 하더라도 성과를 내 볼 수 없는 상태가 되어버린다. 예를 들어, 성과주의 제도와 문화를 새롭게 도입하려고 혁신팀이 6개월을 들여 성과주의 문화가 정착되어 있다는 전 세계 글로벌기업을 벤치마킹하여 외부전문가와 머리를 맞대고 제도와 시스템을 개발했다고 가정해 보자. 그런데 회사는 기존의 호봉제를 그대로 운영하고 있고 가족주의 문화가 전통의 가치로 뿌리내려 있는데 혁신안을 그대로 적용하라고 하면 결과는 누구나 예측하는 실패로 나오게 된다. 여기에 맞는 기본토대를 함께 혁신해야 하는 이유이다. 기본토대에는 실천기법으로 사용하는 Toolkit 들인 혁신에 필요한 인재선발과 육성, 평가와 보상, 조직 설계들이 포함된다. 이 단계에서 혁신이 완료되고 성공하기 위해 조직의 시스템과 구조도 함께 변화시켜야 한다. 이곳에 위치시켰지만 이 단계는 혁신활동의 시작부터 마무리까지의 모든 과정에 적용되어야 한다.

||||||||||||||||||||||||||||
2. 상황과 맥락의 이해

혁신의 초기 성공체험을 이끌어내기 위해 병행하여 다루기 시작해야 하는 것이 변화를 위한 조직구조와 시스템 다루기 단계라고 볼 수 있다. 보통은 일단 혁신 과제 실행을 시작하고 과정을 지켜보면서 어느 정도 결과가 구체화되어 가고 있고 손에 잡힌다고 할 때 본격적으로 이 단계를 진행하려고 한다. 혁신의 시작단계에서는 과제의 해결안에 대해 집중하기 때문에 이 단계는 우선순위에서 밀리기 때문이다. 물론 혁신실행팀에 HRM과 HRD 담당자들이 함께 참여하여 보조를 맞추고 방향을 조율하고 미리 준비하는 역할을 하는 경우는 잘하고 있는 것이지만, 그리 많지는 않은 경우이다. Toolkit이라고 설명한 혁신에 필요한 인재요건과 그런 인재를 어떻게 확보하고 육성하는 것이 효과적인지, 혁신이 성과를 내기 위해 필요한 조직역량과 개인역량을 구체적이고 명확하게 정의하고 그에 맞는 맞춤형 교육을 개발해야 하는 것은 단순히 프로젝트팀 수준에서 해결할 수 있는 영역이 아니다. 전사차원의 합의와 결정이 필요하기 때문이다. 더욱 평가와 보상, 혁신이 조직내 내재화하기 위한 조직설계 등도 동일한 차원이다. 이 자체가 전사 혁신의 주제가 된다. 만만치 않은 시도이긴 하지만 사업부나 사업본부 단위의 혁신 실행 과제와 병행하여 필요한 시스템과 조직구조를 새롭게 시험, 적용해 보고 개선과 보완을 거쳐 전사 차원의 혁신제도와 조직시스템으로 확산시키는 것도 방법이다. 이때는 본사의 HRM과 HRD 담당들이 함께 지원을 해야 한다. 스폰서인 CEO와 경영자들이 고민이 깊어지는 단계이기도 하다. 인재선발과 육성이 공식대로 효과를 가져오지 않는 경우들이 발생하기도 한다. 회사의 인재 선발 기준이 성장 전략이나 혁신의 방향에 논리적으로 맞아 떨어져도 확보되는 인재의 수가 충분치 않거나, 설사 확보되었다 하더라도 계속 이탈 없이 유지될 것인가 하는 고민이 생기기 때문이다. 회사의 브랜드가 일정 수준 올라 있다면 조금 유리할 수 있지만, 회사가 브랜드빌딩 중이면 어려울 수가 있다. 그럼에도 이 단계는 HR영역으로 미뤄버리면 혁신의 성공적 마무리에 장애가 발생할 수 있으므로 리더십팀들은 변화관리의 마무리라고 생각하고 다루어야 한다.

||||||||||||||||||||||||||||

3. 절차

가. 현 업무에 연결되어 있는 시스템과 조직구조를 검토

현상파악을 위해 혁신추진 전에 일하는 방식과 연결되어 있는 시스템과 구조를 진단한다.

다음의 질문을 통해 현 상황을 진단하고 혁신에 필요한 새로운 시스템과 구조 설계시 참고한다.

- 현행 업무와 혁신 활동의 필요성 간의 갈등은 어떻게 해결되어야 하는가?
- 현행 업무와 혁신활동의 우선 순위와 참여도는 어떠한가?
- 혁신활동 진행 중, 고객, 협력업체, 공급자 등에 대한 약속은 어떻게 다루어져야 하는가?
- 영향을 입게 될 시스템, 절차, 사람들, 작업단위 등은 계속성을 유지하면서 어떻게 혁신시킬 것인가?
- 새로운 업무를 단계적으로 도입하고 옛 업무를 단계적으로 폐지하는 일정과 방법은 무엇인가?

나. 혁신의 결과에 따른 새로운 업무에 필요한 시스템과 조직구조를 기획

다음 질문 등을 활용하여 현 업무에 대한 현상파악을 바탕으로 하여 혁신 추진시 필요한 새로운 업무와 현행업무와의 조화를 어떻게 이뤄 나갈 것인지 검토하고 혁신을 지지하고 지속적인 지원을 이끌어내는 데 필요한 평가, 보상, 교육훈련 등을 기획해야 한다.

- 새로운 혁신을 가능한 한 신속히 '정상적인 업무'로 만들기 위해 필요한 것은 무엇인가?
- 혁신을 지지하도록 하기 위한 보상/유인책에는 무엇

이 있는가?

- 사람들에게 혁신에 대한 계속적인 지원을 어떻게 끌어낼 것인가?

- 어떤 새로운 장비, 절차, 지침서, 교육훈련, 작업방법 등이 혁신된 업무를 지원하는 데 필요하겠는가?

다. 혁신지원을 위한 세부 영역을 다음과 같이 그룹핑하고 각각의 필요 기준을 참고하여 시스템과 구조를 만든다.

- 선발^(Staffing) : 인재의 확보와 배치

- 육성 : 역량과 능력 구축

- 평가와 보상

- 효과적인 커뮤니케이션

- 조직^(구조)의 설계

- 정보시스템^(Technology, MIS)

- 자원배분 시스템^(예 : 예산, 재정, 전략)

〈예시〉 선발과 육성의 흐름도

혁신전략과 방향은 무엇이며 그에 따른 필요역량은 무엇이고 조직이 보유한 역량과 새로 개발하고 훈련시켜야할 역량은 무엇인가를 논리적으로 풀어 나가는 과정을 설명한 흐름도이다.

역량을 확보하는 방법은 선발을 통해 인재를 확보하는 것과 인재를 육성하는 것으로 나눈다.

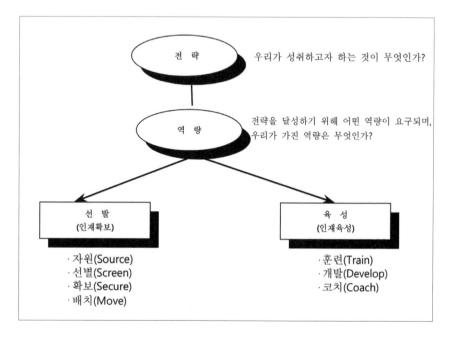

선발과 육성은 균형있게 진행되어야 한다. 새로운 역량이 필요할 때 채용을 통해 확보해야 하지만 기존 인력들에서 교육훈련을 통해 육성해 나가는 것도 전략적인 선택이다.

4. Expert's solution

가. 경험상 제일 난이도가 높은 것이 조직설계라고 생각한다.

이론적인 노하우뿐 아니라 현실감이 있어야 하고 변화 관리의 감각을 예민하게 가지고 조직설계를 다루어야 하기 때문이다. 멋진 조직도를 논리적으로 그려 놓고 경영진들을 설득하는 것은 가능하다. CEO나 경영자들은 수평적이고 민첩한 조직이면서 많은 인력을 배치하지 않아도 되는, 규모가 있지만 작아 보이는 조직을 선호하는 경향이 있다. 당연하다고 생각한다. 그러나 그런 조직구조도가 작동이 되려면 리더부터 수평과 수직으로 역량을 발휘할 수 있어야 한다. 팀제에서 팀장이라는 자리는 팀원들의 업무를 구체적으로 알고 있고 세부적인 내용까지 이해하고 있어야 중간관리자 없이 단독 의사결정을 할 수 있는 것이다. 원론적으로 중간관리자 없는 조직이 신속하고 빠른 의사결정이 가능하다고 하여 팀제를 도입했지만 성공하는 사례와 실패 사례가 동시에 존재한다. 팀장의 역량과 팀원들의 역량 둘 다가 구비되어야 팀제는 본래의 목적과 성과를 낼 수 있다. 이것이 냉정한 사실이다. 조직구조를 혁신 추진에 맞게 변화시키려면 리더들의 현재 수준이 적합한

지를 진단해보고 필요한 리더십 역량 교육을 준비할 수 있는지도 따져 보아야 한다.

한때 Agile 조직으로의 변화가 중심주제가 되었던 적이 있었다. 지금도 계속 추진되고 있는 것으로 알지만, 신속한 의사결정과 민첩한 조직으로 변화시키는 것은 매력적인 조직구조 혁신이다. 실제로 신속한 의사결정을 위해 중간 위치의 팀장들을 없애고 바로 임원이 총괄하는 조직으로 조직 개편을 단행한 어느 기업의 사례를 경험했다. 이런 조직의 전제조건은 임원이 다재다능한 역량과 리더십을 가지고 있어야 한다는 것이다. 밑에서 올라오는 의사결정 사항을 바로바로 결정할 수 있을 정도로 세부적으로 업무의 내용을 파악하고 있어야 한다.

하지만 현실은 그렇게 준비된 임원도 있지만 아직 준비되지 않은 임원도 있다. 이런 이유로 Agile 조직이 기대한만큼 잘 작동되지 않는다. 조직도만 설계를 잘하는 것으로 혁신이 완성되지는 않는다. 그런 모습의 조직을 설계하고 운영하려면 리더와 구성원의 준비상태를 진단하고 한꺼번에 밀어붙이지 말고, 단계별로 치밀하게 적용해 나가야 한다.

나. 혁신에 적합한 평가, 보상시스템

혁신에 적합한 평가, 보상시스템을 만들고 적용하는 문제도 쉽지 않은 부분이다. HR전문가들의 지원을 받아 만든다고 하여 적용에 성공하는 것은 아니다. 조직의 성숙도가 이 신시스템과 매칭이 되는가도 이슈이기 때문이다. 리더들의 평가 스킬도 갖추어져야 한다. 교육도 필요하고 리더의 리더들이 제대로 피드백도 해주어야 하고 HR은 평가 과정과 결과에 대한 구성원 만족도를 모니터링하고 사후관리를 지속적으로 해야 하기 때문이다. 익숙하지 않은 무기를 다루는 데 훈련과 연습이 필요하듯이, 지속적이고 일관된 관리가 필요하다. 조직의 성숙도가 일정 수준에 있지 않으면 배려를 권리로 알고 엉뚱한 불만을 제기하다가 평가, 보상의 본질적인 목적을 달성하지 못하고 갈등만 증폭시키게 된다.

이때 CEO와 경영자의 고민이 깊어진다. 새롭게 만든 평가, 보상시스템을 중단하고 다시 재검토의 시간을 가지고 일정 기간이 지난 후 현실감을 덧입힌 시스템을 재시도해볼 것인지, 아니면 리더들의 평가스킬을 지속적으로 훈련시키면서 시행착오를 겪게 하며 나아갈 것인지….

진단과 모니터링을 객관적이고 세밀하게 하는 것이 우

선되어야 한다. 빅 마우스들의 의견에 흔들리지 않고 전체 조사결과를 왜 그렇게 느끼는지의 관점에서 판단하고 결정해야 한다.

다. 인재확보와 육성에 대한 균형감을 갖는 것도 전략적 선택이다.

필요인력을 위해 가장 쉬운 방법이라고 판단하기 쉬운 것이 외부인재 영입이다. 그러나 쉽지 않다. 이유는 경험과 역량이 있다고 하여 외부영입된 인재들이 바로 성과를 내는 것이 아니기 때문이다. 일하는 방식과 문화 등에 적응해야 할 시간이 필요하고, 기존 인력과 시너지를 내려면 시간이 필요하다. 잘못하면 저항에 부딪혀 왕따가 되기도 한다. 저항관리를 위해 외부영입과 함께 내부 핵심인재 등을 육성시키는 기회를 함께 부여하는 것이 효과적이다. 이 부분은 다음 장에서 더 자세하게 다루었다.

인재 확보를 위한
변화관리

|||||||||||||||||||||||||||

1. 강남의 유자가 강북에선 탱자가 되지 않으려면?

혁신의 단계 중에서 변화를 위한 시스템과 조직구조 다루기에 이르면 새로운 혁신 성공을 위해 필요한 외부인재 영입에 대한 필요성이 발생한다. 기존 조직이 보유하고 있는 인재풀을 검토해 봐도 당장 활용할 만한 인재가 보이지 않는 경우에 CEO들이 주로 사용하거나 사용하고 싶어하는 방법이 외부인재영입이다. 특히 임원 레벨에서 자기 회사에 부족하다고 생각하는 역량을 해소하고 싶은 기대감에서 주로 외부 임원급 인재를 영입하려고 한다. 글로벌 기업에 근무경력이 있는 인재이거나 글로벌 컨설팅회사의 컨설턴트들이 주요 타깃이 되어 온 것이 보통이다. CEO 들은 외부영입 임원들을 데려오면 이들이 뭔가 해줄 것이고 기대를 충족시켜 줄 것으로 굳게 믿고 의사결정을 한다.

그러나 외부인재 영입시에 일어날 수 있는 오류들이 있다. 이것들을 제대로 인식하고 영입을 추진해야 성공확률을 높일 수 있고, 혹시 생길 수 있는 실수를 극복하기 위해서 변화관리 방법을 고려해야 하는 단계이다.

||||||||||||||||||||||||||||||
2. 상황과 맥락의 이해

CEO들은 혁신을 위해 과감히 외부인재를 영입하는 자신의 결정이 성공할 것이라고 믿고 싶어하는 심리적 기대감을 갖고 있다. 그러나 현실은 그리 녹록지 않다. 자기 회사에 딱 맞는 Right People을 구하기가 쉽지 않다. 추측컨대, 글로벌기업이나 국내 대기업에서 계속 기회가 있고 잘나가는 인재들이 굳이 회사를 옮기는 모험을 하려고 하지 않을 수도 있고, 영입하는 회사는 영입 대상자의 몸값을 정확히 맞춰주기가 항상 쉬운 일이 아니기 때문이다. 또 일하는 문화나 시스템에 차이가 있으면 아무리 탁월한 인재를 영입했다 하여도 외부인재가 바로 적응하여 성과를 증명해 내기가 쉽지 않다. 보통 일은 탁월한 한 사람이 있다고 하여 잘 돌아가는 것이 아니고 조직이 함께 움직여 줘야 하기에 팀워크가 보장되지 않으면 외부영입 인재도 한계에 부딪히게 되는 것이다. 이러한 연유로 외부인재 영입의 성공과 정착율이 기대보다 높지 않다는 것이다. 물론 회사별로 차이가 존재하지만….

||||||||||||||||||||||||||||
3. 절차

가. CEO가 자기회사에 대해 객관적이고 냉정하게 파악해야 한다.

기대와 현실의 Gap을 줄이기 위해 외부인재 영입을 결정하기 전에 사전준비를 해야 한다. 이 부분에 동의하지 않는 CEO들도 있으리라 생각한다. 내가 창업했는데, 최고경영자인데 나만큼 현 회사에 대해 잘알고 있는 사람이 있을까하는 의구심이 생길 것이다. 그럼에도 CEO와 조직 구성원은 입장과 관점이 다르다. 또 아무리 속속들이 회사 돌아가는 일을 알고 있다고 하여도 그 일을 직접하면서 느끼는 관점은 다를 수밖에 없는 것이다. CEO들이 한번 생각해봐야 할 것이 이것이다. 자기회사의 강점과 약점을 깊숙이 들여다보는 시간이 필요하다. 좌표를 찍어 보는 것도 함께 해봐야 한다. 동종업계에서 특별히 경쟁사에 대비하여 우리 회사의 인적 역량 수준을 객관적인 지표로 분석해야 한다. 어렵겠지만, 강점은 당연한 것이고, 약점이 상대적으로 많이 드러나 보일 것이다. 하지만 그동안 강점 덕분에 여기까지 오고 있다는 것을 인정해야 한다.

본인의 기대 수준에 못 미치는 점도 있을 것이다. 경영회의 때 질문하면 좀 빠르게 답변이 나오고 그 답변이 설득력과 논리를 갖춰야 하는데 항상 그리하지 못하는 경영진이나 리더 그룹들이 답답하고, 가끔 외부세미나에 가서 외국 학위가 있는 외부컨설턴트들의 발표를 들으면 부럽기도 하고, 저 정도 날카롭고 설득력 있게 발표 역량을 갖춘 임원들이 있을까 하면서 저런 친구들을 전략기획 담당으로 삼으면 좋지 않을까 속으로 생각해 보기도 할 것이다.

물론 그럴 수도 있을 것이다. 하지만 그런 스펙의 인재를 영입했다고 하여 자기 회사의 문화와 일하는 방식에 바로 적응하여 원하는 성과를 낼 수 있는냐는 다른 차원임을 인식해야 한다.

돌파 조직

나. 외부인재가 자기 회사의 강점을 살리고 약점을 보완해 내는 Right People이냐를 분명히 확인한다.

설사 Right People을 운좋게 영입했다고 해도 그 사람 혼자 일하는 게 아니다. 조직이 함께 움직여줘야 하는 것이다. 팀워크가 맞아야 외부영입 임원도 회사에 빠르게 적응할 수 있다.

다. 외부인재가 충분히 역량을 발휘할 수 있는 환경이 갖춰 져 있는지 체크한다.

보통의 경우 조금 더 글로벌기업 근무경험자를 선호하는 경향이 있는데 그건 더 적응이 어려울 수 있다. 이유는 글로벌기업의 시스템과 문화, 일하는 방식이 영입하려는 회사와 확연히 다르다는 것이다. 그런 상황에서 영입임원은 자신의 노하우와 축적된 역량을 발휘하기가 쉽지 않게 된다. 해결책은 시스템과 문화를 글로벌기업 수준으로 바꾸면 되는데 그게 쉽지 않아서 여기까지 오고 있는 것 아닌가. 바꾼다고 바로 글로벌기업이 될 수 있는 것도 아님을 우린 알고 있다. 그래서 혁신을 추진하고 있는 것이다.

||||||||||||||||||||||||||||

4. Expert's solution

그렇다면 주어진 상황에서 최선책은 무엇일까?

가. 외부영입 임원에게 서포터들을 지원해 주는 것이다.

회사의 역사와 변화 과정을 잘 알고 있고 상대적으로 스마트하고 열려 있는 부장급들이 그들이다. 임원 승진 시기에 있는 부장들은 제외시켜야 한다. 그들은 외부영입 임원이 자신들의 기회를 뺏었다고 느껴서 불만스럽게 여길 수 있기 때문이다. 적합한 부장들이 선발되고 나면 같은 팀으로 발령을 내어 팀으로 일하게 하고 부장들은 외부영입 임원에게 현재 핵심사업이나 전략과제, 시스템들이 어떤 과정과 역사를 가지고 결정되었고 여기까지 오고 있는지를 상세히 설명하여 전후 맥락을 이해시키는 역할을 하도록 해야 한다. CEO나 CHO가 직접 불러 해당 부장들에게 미션이라고 알려주는 것도 효과적이다. History를 모르면 기존 조직과 구성원에 대해 무작정 비판적이 되고 무시하게 된다. 무시받는다고 느끼는 기존 멤버들은 새로 영입된 임원들이 옳은 소리를 해도 심리적인 저항을 하게 된다. 이때도 CEO의 태도가 조직에 지대한 영향을 미칠 수 있다. 기존 리더들의 입장이나 관점을 새로운 변화시도에 대한 저항으로 판정하고 무조건 외부영입 임원의 편을 들게 되면 오히려 심리적 저항을 증폭시키게 된다. 이 점을 CEO들은 조심해야 한다.

나. 너무 빠르게 외부영입 임원에게 성과를 기대하거나 요구하려는 속도를 조절한다.

회사 입장에서는 당연한 것이다. 그만한 대가를 지불하고 데려온 것이기에 기대한 결과가 되도록 빠르게 나오는 것을 원하는 것은 정당하다고 생각한다. 그러나 부작용이 생길 수 있다. CEO의 기대감을 감지한 외부영입 임원은 무리수를 두게 된다. 눈에 보이는 가시적 성과를 내기 위해 마음이 바빠지고, 현상 파악을 등한시하게 되고, 서포터인 부장의 말을 경청하지 않게 된다. 그리고 새로운 제도나 시스템을 들고 나와 적용에 대한 압박을 가하게 되고, 경우에 따라 CEO의 눈을 현혹시키는 겉포장에 집중하는 실수를 하게 된다. 적용에 문제가 있는 상품과 서비스를 제안하기도 한다. CEO는 100%로 믿지는 않지만 새로운 시도라고 하니 외부영입 임원의 손을 들어 주게 된다. 또한 자신이 영입 결정을 하였기에 그 결정이 잘못되지 않았다는 것을 보이고 싶은 마음이 앞서 외부영입 임원을 손을 먼저 들어주는 경향이 있다. 단기적으로는 있을 수 있는 일이지만, 이런 일들이 계속되면 CEO도 조직구성원의 신뢰를 잃어버릴 수 있다.

문제는 그렇게 시작되는 새로운 시도에는 조직구성원이 영혼 없이 대응하고 CEO에 대한 서운함이 생기면서 오히려 조직의 팀워크가 깨지는 부작용이 심화된다. 이때 자조적으로 나오는 말이 "굴러온 돌이 박힌 돌을 빼내려고 한다"라는 것이다. 이런 얘기가 돌면 사실 외부영입에 적신호가 켜졌다는 것이다. 정말 문제가 되는 것은 첫 번째 영입시도가 실패로 돌아간 것이 아니다. 두 번째나 세 번째, 정말 회사가 성장하고 신사업에 진출하는 상황에서 꼭 필요한 외부영입임원들을 선발해도 조직에 정착하지 못하는 부정적이고 배타적인 조직문화를 조성하게 되어버린다는 것이다. CEO들이 한 번쯤 고민해 볼 일이다.

다. 동일한 육성기회를 제공

내부 핵심인재들에게도 동일한 육성기회를 제공해 주는 것이다. 회사의 규모와 여력에 따라 선택할 사안이지만 핵심인재들을 뽑아 국내외 MBA 과정을 보내 주는 것이다. MBA가 아니더라도 회사의 핵심역량이 구매라면 구매 석사과정을 보내거나 다른 분야의 학위과정을 보내주면 되는 것이다. 장기적으로는 학위 파견 인력들이 돌아와 외부영입 임원과 호흡을 맞추고 함께 일하는 팀이 될 수 있고 기존 구성원들과 외부영입 임원들 사이에 완충과 조정 역할도 할 수 있기에 일석이조의 효과가 있다. 같은 눈높이의 인재들을 준비시키고 확보해 놓아야 외부영입 임원이 함께 일하며 조직에 적응하기가 더 수월할 수 있다.

결론적으로 유능한 외부인재의 영입이 성공하려면 조직도 준비가 되어 있어야 하고, Right People을 선택할 수 있는 눈을 가지고 있어야 한다. CEO도 변화관리의 일환임을 이해하고 외부인재 영입을 시도해야 한다.

Chapter. 3

Feedback
: 변화와 혁신의 모니터링을 측정하고
수정하고 보완해 일상화하라

실행과정 모니터링과 성과 구축

||||||||||||||||||||||||||||

1. 모니터링의 언어는 정확하고 구체적인 숫자이다

혁신활동이 시작되고 나면 각 실행단계별 노력의 결과가 지속적으로 확인되어야 하고 공유되어야 한다. 진척사항이 실시간으로 보고되고 책임을 맡은 담당자들이 자신이 하고 있는 혁신활동에 대한 책임을 놓치지 않고 유지하도록 해야 혁신의 결과가 성취된다. 이를 위해서는 혁신활동이 제대로 추진되고 있고 그 결과로 변화의 정도를 측정할 수 있는 척도나 지표들이 구체적으로 준비되어 있어야 한다.

CEO나 경영자들은 회의 시작 전 보통 이런 질문을 한다.

"혁신활동은 계획대로 잘 진행되고 있습니까?" 질문에 답이 "예, 잘 진행되고 있습니다" 또는 "약간의 장애물이 있어 일정이 늦춰지고 있습니다"라는 답변으로 끝나면 안된다는 것이다. 목표달성 여부를 나타내는 척도나 지표를 가지고 답변이 오가야 혁신이 제대로 모니터링되고 관리된다고 할 수 있기 때문이다. 사전에 정해진 모니터링 지수들의 수치 향상 정도로 답변이 되어야 하고, 다음에 정성적인 효과나 과정들이 답변에 포함되어야 한다. 품질지수, 고객만족도, 리드타임 축소 등을 예로 들 수 있다.

이 단계에서는 모니터링시스템을 구축하고 실행단계별 이정표(milestone)도 고려하여 측정척도를 결정하고 합의한 후에 모니터링을 실행하며 결과를 공유하고 피드백하는 과정을 포함한다. 전략적으로 얼마나 모니터링과정을 잘 활용하느냐가 혁신의 성과를 좌우하기도 한다. 이유는 이 과정에서 예상치 못했던 일들이 벌어지거나 세부 단계나 절차를 수정해야 하는 일들이 포착되어 신속하게 조치함으로써 혁신 성공 가능성을 높이는 단계가 되기 때문이다.

반대로 형식적인 모니터링과 결과보고가 지속되면 마무리 단계에서 전혀 다른 결과물이 나오기도 하고 혁신책임자들이 그 책임을 회피하기 위해 결과물을 그럴싸한 포장으로 종료하려 한다. 결국 조직내 적용에 실패하게 되고 혁신에 쏟아부은 시간과 에너지를 낭비하게 된다. 더 큰 부작용은 혁신에 대한 불신풍조가 조직내 퍼지게 되고 다시 한번 혁신의 불을 붙이려 해도 쉽게 불붙지 않는다는 것이다.

||||||||||||||||||||||||||
2. 상황과 맥락의 이해

혁신단계에서 신중하고 치밀하게 관리해야 하는 것이 모니터링 과정이다. 통상 스폰서들은 실행계획이 세밀하고 빈틈없이 수립되었다고 판단하면 모니터링 시스템을 구축하는 데 동일한 시간과 노력을 기울이지 않는 경향이 있다. 모니터링 과정은 추진단계나 조직이 준비되면 자동으로 진행된다고 판단한다. 논리적으로는 맞는 생각이다. 유사한 예가 전략이다. 전략도 구체적이고 논리적이고 명확하게 설정되었다고 판단되면 안심하고 한 발 물러서는 경향이 있는 것과 유사한 것이다. 전략 수립에는 온 정성을 다 들이지만 전략이 적용되고 실행되는 과정에는 상대적으로 관심과 에너지를 덜 투입한다. 그러나 전략도 변화관리 과정임을 이해한다면 전략수립 단계보다 더 전략실행 과정에 집중하고 모니터링에 귀를 기울여야 한다. 혁신실행도 조직내 적용과정에서는 계획수립과 해결안 마련 단계에서 미처 생각지 못했던 반응이나 결과가 발생하는 것은 지극히 정상적인 것이다. 또 해결안 수립의 기본전제 조건이었던 당시의 경영환경이나 조건들이 실행과 적용단계에서 달라질 수도 있기 때문이다. 이런 변수들을 모니터링과정에서 걸러내고 전제조건의 변동사항에 적합하게 수정/보완하도록 조치해야 한다. 병행하여 모니터링하기로 합의된 척도와 도구들도 변화에 맞춰 바꿀 필요가 생기면 다시 설정해야 한다.

이런 경우는 드물게 발생하지만 모니터링 결과가 이미 합의되고 결정된 실행안의 적용이 계속되어도 목표했던 성과가 보장되지 않는 것으로 확인되었을 때는 과감하게 프로젝트를 중지하는 결정도 할 수 있어야 한다. 그 정도로 모니터링 과정과 피드백은 중요한 것이다.

이 단계에서 부작용이 일어날 수도 있다. 혁신 프로젝트가 전사적으로 진행되거나 대기업의 경우 계열사들까지 혁신 프로젝트가 확산되었을 경우이다. 이때는 그룹 차원의 혁신추진 본부가 구성되고 본부장이 부사장 이상으로 임명되어 그룹사 전체가 움직이게 되는 경우이다. 장점은 혁신에 필요한 추진력이 보장된다는 것과 혁신전문가들이 투입되고 변화관리 리더십 교육이 일사불란하게 진행된다는 것이다. 신속하게 전 조직에 혁신마인드와 공통 언어(common language)를 전파, 교육시켜 혁신마인드를 무장시킬 수 있는 이점이 있다. 문제는 모니터링 과정에 정치적 변수가 개입된다는 것이다. 전 그룹사의 혁신 책임을 주관하는 혁신추진본부가 자신들의 실적을 보여주기 위해 모니터링 결과를 가공하거나 포장하려는 유혹을 받는다는 것이다. 그로 인해 있는 그대로 결과를 보고하지 않고 소위 '물을 타서' 보고해 버리는 오류를 저지르기도 한다.

상황과 조건이 변화되고 있음을 현장 모니터링으로 파악했음에도 방향을 빠르게 전환시켜야 하는데 자기들이 빠져 나갈 틈을 보다가 시간을 놓쳐 버리거나 그대로 밀어붙이고 최종 결과보고와 평가시 해당 회사와 실행팀의 책임으로 몰고 가버리는 안타까운 현실이 일어난다.

이 단계에서 고려해야 하는 상황과 맥락이다.

||||||||||||||||||||||||||||

3. 절차

가. 모니터링 시스템을 구축

1) 모니터링 계획서를 작성하고 혁신단계에서 측정할 지표와 측정tool에 대한 합의를 한다.
2) 측정tool은 필요시 자사에 맞게 개발하거나 기존의 tool을 활용한다.

나. 주기적인 모니터링과 결과 보고

1) 진척 사항을 파악하고 공유한다. 초기 모니터링시는 보고서를 받고 직접 현장에 나가 관련자들을 인터뷰하고 결과들을 확인한다. 이때 조심해야 하는 것은 감사하듯이 진행하지 말고 도와줄 것이 무엇인지 중심으로 질문을 시작해야 한다는 점이다.
2) 진척이 잘 안되고 있는 부진 요인을 파악하고 대책 수립을 함께한다.
3) 성공 사례라고 판단되면 면밀히 검토하여 공유시키고 경우에 따라 기여한 대상자를 보상하고 동기를 부여시킨다. 성과 구축을 하나하나 축적해 가는 과정을 병행해 나간다. 이때 공유할 사례는 보고자에게만 맡기지 말고 HRD담당자의 도움을 받아 사례화하도록 한다.

아래의 예시가 진척도 모니터링의 사례이고, 회사가 자주 사용하는 익숙한 도구를 사용하면 될 것이라고 판단된다.

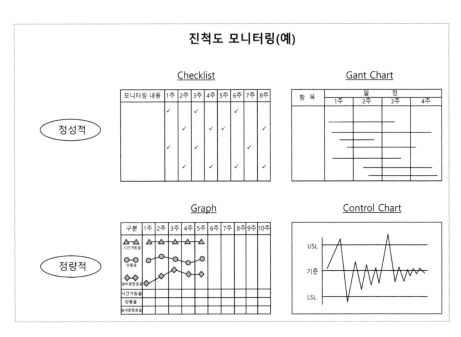

다. 긴급상황 발생시 문제해결

모니터링결과 계획대로 실행하기 어려운 상황이 발생되거나 빨리 조치해야 할 긴급사항이라고 판단되면

---

contingency plan을 수립하고 보고하여 플랜B가 작동되게 조치한다.

4. Expert's solution

가. 모니터링 과정은 기술적인 요소와 함께 정치적인 요소도 고려해야 한다.

단순히 모니터링 측정 도구와 척도가 적절하고 합리적이며 정량적인 기준을 갖춰졌다고 하여 본래의 목적에 부합된다고 안심하면 안 된다. 보통 전사 위기관리팀이 실행 과정을 모니터링하여 CEO와 스폰서들에게 보고하는데, 결과가 보고할 수준이면 문제가 되지 않는다. 그러나 다음 두 가지 중에 하나에 해당되면 전사 혁신추진팀의 리더나 이 팀의 스폰서들이 고민에 들어가게 된다.

하나는 프로젝트를 시작하고 진행하면서 수립했던 실행계획 또는 해결안이 현실에 맞지 않고 기본 가정이나 전제가 변동되었다는 사실에 직면해 버렸다는 것이다. 다시 실행계획과 해결안을 만들어야 하는 것이다. 그러나 돌이키기에는 CEO와 경영자에게 재보고라는 절차를 거쳐야 하고 프로젝트팀의 실수를 인정해야 하는 상황이다.

나머지 하나는 혁신활동을 통해 해결안을 수립하고 현장에 적용하려다 보니 계획 수립시 생각했던 것보다 그 이상의 신규 역량이 필요하다는 것이다. 기존 멤버들의 역량을 가지고는 적용이 어려울 뿐더러 설사 이를 악물고 한다고 하여도 목표 달성은 어렵다는 결론에 도달했다는 것이다. 예를 들어, 부분적인 공정 개선으로 혁신의 성과를 달성할 수 있을 것이라고 생각했는데 뚜껑을 열고 보니 생산라인의 전면 자동화가 궁극적인 혁신의 목표를 성취할 수 있는 것으로 결론이 나온 것이다.

이런 경우는 어떻게 하는 것이 합리적인 조처인가 생각해 보아야 한다.

나. 전사 위기관리팀과 각 사업부나 공장의 혁신추진팀의 리더 입장에서 고려해 보아야할 것들

프로젝트의 목적과 미션을 바로 되돌아보아야 한다. 모니터링 결과를 있는 그대로 보고하고 빠르게 방향 수정을 하거나 추가 지원을 요청해야 한다. 그 과정에서 책임에 대한 지적과 책망은 각오해야 하고 버텨내야 한다. 그러나 그 순간이 지나면 문제 해결의 단계로 넘어가게 된다. 리더는 이것을 감당해야 할 책임이 있다. 정치적으로만 판단하면 해당 리더는 이 일로 인해 자신에 대한 평가가 나빠지고 역량을 의심받게 되어 자신의 위치가 흔들리지 않을까 걱정이 될 것이다. 그러나 패자부활전이 있다는 것을 잊지 말아야 한다. 정직하고 신속하게 보고하여 방향을 전환하고 새로운 지원을 받아 혁신을 성공시키고 회사의 성과에 기여하게 되었다면 오히려 더 좋은 평가와 인정을 받게 될 수 있다는 것이다. 리더로서의 용기를 보여주게 된 것이고 향후에 해당 리더가 다른 사안에 대해 CEO에게 보고하게 되는 기회가 생길 때 CEO는 보고 내용에 대해 다른 리더들보다 더 신뢰하고 믿음을 가지게 된다. 만약 정치적인 판단과 걱정으로 모니터링 결과를 포장하거나 다르게 보고한다면 그 당시 보고는 무사히 넘어갈 수 있겠지만 그 여파는 계속되어 다음 모니터링 결과보고도 사실과 거리가 있는 보고가 되어 결국 걷잡을 수 없는 문제가 발생해 버린다. 옷의 단추를 처음부터 잘못 끼우면 어떻게 되는지 우리는 알고 있기 때문에 힘들고 어려워도 정면돌파가 답인 것이다.

다. 보고를 받는 CEO나 경영자들의 입장에서 생각해 보아야 할 것들

오히려 보고 받는 입장에서 어떤 반응을 보이느냐가 혁신문화 정착에 결정적인 영향을 미치게 된다. 만약 화를 내고 책임자를 문책하겠다고 하면 결과는 어떻게 전개될 것인가 생각해야 한다. 이 소식을 듣게 된 나머지 혁신 실행팀들은 실행을 멈추고 자신들의 프로젝트를 신중히 다시 검토하고 가장 안전하고 보수적인 방향으로 몸을 숙일 것이다. 실수하면 문책당한다는 위기의식으로 혁신적인 시도보다는 어느 정도 결과가 도출되는 쪽으로 노력을 집중할 것이다. 뭔가 한번 해보자고 결의를 다졌던 혁신 실행팀의 의기투합에 찬물을 끼얹는 것이 된다. 물론 CEO의 관점은 이 시점에서 신상필벌을 분명히 하고 규율을 세우며 조직이 혁신에 대해 절실하고 치밀하게 올인하는 모습을 보이게 하려는 의도였을 수 있다고 생각한다. 그러나 의도대로 조직이 반응하지 않는다는 것을 설명하고 싶다. 그래서 소통과 상호작용이 공식대로 안 되고 어렵다는 것이다. 부수적으로 발생하는 마이너스 작용은 모니터링 보고서 작성에 많은 시간을 소모하게 된다는 것이다. 사실 그대로 보고하지 않고 용어에 신경 쓰고 중립적인 표현과 추상적인 내용으로 중화시키려는 행동들이 보이게 된다.

라. 모니터링 과정에서 보여줘야 할 CEO와 경영자들의 리더십 행동

보여주는 행동 하나로 분위기를 역전시킬 수 있다. 화

를 잠깐 참아내고, 솔직하고 정직하게 사실 그대로 보고했음을 인정해 준 다음, 보고 자리에서 한 번 더 "왜 방향 설정에 오류가 있었는지" 근본적인 원인을 물어 보고, 그렇다면 "방향 설정을 다시 하면 목표를 달성할 수 있는 것인지" 아니면 "더 필요한 추가지원사항이 있는지" 등을 질문하고 경청해 주는 태도를 보이는 것이다. 여기까지만 하면 충분치 않다. 마지막으로 방향 재설정을 허가하고, "추가지원을 이렇게 해주면 반드시 혁신의 목표달성을 해야 한다"라고 분명히 하고 리더로서 책임을 져야 함을 단호하게 천명해야 한다. 정상적인 조직이라면 실수에 대해 무조건 질책하는 것이 아니고 '신속하고 정직하게 보고하면 한 번 더 기회를 주는구나' 하는 것이 공유되며, 몸을 사리거나 거짓보고를 하면 안 된다는 메시지를 구성원들에게 전달할 수 있게 된다. CEO와 경영자들의 리더십 행동이 조직문화와 일하는 방식에 우선적으로 영향을 주는 것은 혁신 과정과 변화관리 과정에서도 동일한 것이다

마. 끈질긴 모니터링의 Follow-up을 일상화하기

모니터링은 1회로 종료되고 완성되지 않는다. 최소 3회 정도를 진행하게 된다. 그럼에도 조직의 심리상 가장 집중하

는 것은 첫 번째 모니터링이다. 준비하는 측이나 보고 받는 측 둘 다 최선을 다하는 것이 보통이다. 만약 이런 분위기가 아니라면 사실 혁신과 변화관리가 성공하기가 힘들다고 봐야 한다. 그러나 2번째와 3번째 모니터링 미팅도 중요하다. 첫 번째 모니터링으로 발생한 이슈나 문제점은 반드시 다음 번 모니터링 미팅시 결과가 어떻게 되었는지 먼저 보고 후 다음 단계로 넘어가야 한다. 만약 여기에서 여전히 문제가 해결되지 않았다면 특단의 조치도 필요하다. 과정을 중단하고 그 문제를 해결 완료 후 다음으로 넘어가도록 해야 한다. 그리하지 않으면 점점 모니터링이 보고를 위한 보고로 변질할 위험성이 높아진다. 모니터링의 목적이 혁신 성과를 중간 체크하고 필요시 문제해결을 하면서 진행되도록 하는 것이므로 철저하고 집요하게 체크하고 단계별 마무리를 축적해 나가는 것이기 때문이다. 일하는 방식의 혁신도 이런 과정에서 내재화될 수 있다. 그래야 성과로 공유하고 전파할 사례들을 모을 수 있다.

전략적 소통과
피드백

|||||||||||||||||||||||||||||

1. 혁신의 Next-level, 전략적 소통과 피드백이 관건

혁신은 성과를 내야 한다. 성과는 일회성으로 끝나는 것이 아니라 반복되어 나올 수 있어야 한다. 혁신의 성공 사례를 Best Practice로 만들어 교육하고 공유하고 그 과정에서의 노하우를 매뉴얼화 하여 업무에 적용하도록 하는 것도 혁신의 성과와 성공의 지속성을 확보하기 위한 일이다. 실행과정을 중간 체크하고 모니터링하고 평가하는 것도 성과를 내도록 하기 위한 행동이다. 이 과정에서 보고가 일어나고 지원요청이 진행되고 문제해결을 위한 미팅이 소집된다. 이 모든 과정에서 제대로 커뮤니케이션하

고 과정과 결과에 대해서 명확하게 적시에 피드백하는 것
이 보장되어야 혁신은 성공할 수 있고 다음 단계로 나아갈
수 있는 것이다. 이 단계를 스폰서와 혁신 관련 리더들이
해야 하는 전략적 소통과 피드백이라고 한다.

||||||||||||||||||||||||||||||
2. 상황과 맥락의 이해

이 단계가 쉬워 보여도 쉽지 않은 난이도가 있는 단계
이다. 그래서 스폰서가 되는 CEO나 경영자들이 실수할
수 있는 단계이기도 하다. 지속적이고 일관되게 혁신을 추
진하다 보면 일정 기간이 흐르고 조직도 살아있는 유기체
이므로 긴장의 연속으로 피로감을 호소할 때가 있다. 이때
가 아주 중요한 전략적 소통과 피드백을 보여주고 그것이
조직내에서 작동되도록 해야 할 순간이다.

두 가지 상황이 대표적으로 나타난다.

가. 혁신의 고삐를 늦추지 않는 피드백

혁신활동이 마무리 단계에 접어들고 여러 가지 시도들
이 성공과 실패로 구분되는 시점이라 혁신에 참여하고 있
는 조직과 멤버들은 보람도 느낄 수 있고 좌절도 느낄 수

있는 상황이 벌어진다. 당연히 긴장의 강도는 점점 더 강해지고 피로감도 심해지기 시작한다. 이때가 스폰서들이 격려와 함께 한 번 더 채찍질을 가하여 끝까지 포기하지 않도록 소통하고 메시지를 그에 맞게 전해야 한다. 모니터링 실시 단계에서 보통 전사 위기관리팀은 스폰서들이 각 사업부나 공장을 방문하여 활동 중인 혁신실행팀과 보고 및 간담회자리를 갖도록 기획한다. 그 자리에서 스폰서에게 격려와 별도로 분명한 혁신의 성과 달성에 대한 기대감을 강하게 표현하게 하여 지쳐가는 혁신분위기를 확 바꿔보려고 시도한다. 그런 톤으로 연설문을 준비해 주면 맘이 약해진 스폰서들이 강도를 낮추고 힘들게 고군분투하고 있는 점만을 공감해 주고 격려에 그쳐 버리는 메시지 전달을 하는 경우가 있다. 당장 그 자리에서는 혁신 실행팀들에게 위로로 작용할 수 있지만 그것만 가지고 마무리단계에서 피로감을 극복해 내고 모든 참여자가 다시 한번 올인하게 하기에는 부족한 것이다. 순서가 엄연히 존재한다. 이 순서를 바꾸면 전략적 소통과 피드백도 제대로 하지 못하고 있는 것이다. 당근은 채찍과 함께 사용해야 당근의 효용성이 살아난다.

돌파 조직

나. 하고도 욕먹는 평가와 보상 피하기

혁신이 종료되고 평가와 보상을 차별적으로 실시하려고 준비하고 있는데 스폰서들이 기준을 흔드는 의사결정을 하려고 담당자들과 소통하는 경우이다. 다같이 혁신에 참여하고 고생했으니 수상팀에서 탈락한 팀들도 참가상 명목으로 상을 주자는 의견을 제시한다. 상금은 제한이 있으니 대상과 최우수상의 상금규모를 줄여서 그 재원으로 참가상을 주면 되지 않겠냐는 내용이다.

상 받으려고 혁신에 참여하지는 않았지만 자신의 노력의 결과가 수상이라는 보상으로 오게 되면 동기부여가 된다. 그런데 평가를 하고 나서 잘한 팀이나 잘못한 팀이나 보상의 차이를 최대한 줄여 실시한다면 다음 혁신 활동에 참여할 마음이 생길지 돌아봐야 한다. 스폰서인 리더의 선한 배려가 전략적인 소통과 피드백에 장애물로 작용하게 된 사례가 된다. 소통과 피드백은 단순히 말로만 전해지지 않는다. 상징적인 조직의 의사결정과 리더의 행동으로도 전달되게 된다. 그래서 더욱 신중하고 치밀하게 준비하고 실시해야 한다.

||||||||||||||||||||||||||||

3. 절차

가. 모니터링 과정에서 하는 소통과 피드백

혁신의 스폰서들은 혁신 실행 단계에서 정해진 중간 점검과정을 소통과 피드백의 장으로 활용해야 한다. 피드백은 사실과 데이터를 근거로 명확하게 해야 하고, 피드백한 것이 혁신 과정에 제대로 반영되었는지를 다음 모니터링 미팅에서 반드시 확인하고 넘어가야 한다.

단순히 회의록 작성으로 끝나지 않도록 전략적인 관리가 필요하다.

나. 전사 조직을 대상으로 하는 스토리텔링의 소통

전략적인 소통과 피드백은 전사 차원에도 필요하다. 이때 CEO나 경영자들은 혁신의 메시지를 추상적이거나 당위성의 논리만으로는 전개하는 것은 설득력이나 영향력이 제한적일 수 있다.

의도적으로 자신의 경험이나 사건들을 발굴하여 혁신의 메시지에 맞도록 재구성하여 전사 조직에 소통하고 피드백 과정에도 활용하면 효과적이다. 혁신 Newsletter를 만들어 시리즈로 스토리텔링 칼럼을 운영해 보는 것도 고

려할 수 있다. 딱딱하고 논리적인 메시지도 필요하지만 효
과성 측면에서는 인간적인 공감과 거리를 좁히는 데는 스
토리텔링을 활용한 소통과 피드백이 더 강점이 있다.

다. 피드백 체계의 구축

피드백은 시스템으로 구축시킬 필요가 있다. 상시 피드
백 시스템, 수시 피드백, 정기 피드백 등으로 서로 연관되
어 있도록 만들면 혁신 과정 전체를 콘트롤하고 관리하는
데 큰 힘으로 작용할 것이다.

||||||||||||||||||||||||||||||||

4. Expert's solution

가. 혁신과정에서 소통과 피드백이 전략적으로 작동되지 않는 이유

스폰서인 CEO와 경영자들은 변화관리 단계를 교육시켰
고 필요한 추진 조직을 구성해 주었고 필요 자원을 지원해
주었는데 왜 가시적인 성과가 나오지 않는 것인지 답답하고
조급해 진다. 스폰서 입장에서는 충분히 자원을 투입하고 지
원해 주었다고 판단하여도 실행팀 입장에서는 조금 더 자원
투입이 되었으면 하는 요구가 당연히 존재한다. 상호 Gap이

발생하는 것은 어느 혁신 과정에서도 동일하다. 정도의 차이가 있을 뿐이다. 사업책임자들과 CEO간의 소통상 간극이 벌어지는 것도 자원 확보와 지원의 양을 가지고 일어난다. 인력과 자금이 충분한 상태로 사업을 할 수 있다면 못할 사람이 어디 있겠는가라고 반문하는 것이 보통의 CEO들이다. 덧붙여, 그럴거면 사업부장인 당신이 왜 그 자리에 있겠는가? 부족한 자원으로도 사업의 성과를 내보라고 사업부장에 임명한 것 아닌가. 그것을 회사에 증명해 주는 것이 사업부장의 존재 이유임을 강조한다.

동일한 톤으로 혁신실행과정에서 혁신추진팀들이 필요 자원을 지원해 줄 것을 요청했을 때 스폰서들은 동일한 톤으로 답변한다. 충분한 인력과 자금이 없으니까, 그 상황에서도 경쟁사와 싸워서 이길 수 있는 혁신적인 방법을 찾아 보라고 혁신을 시작한건데 자원이 부족해서 혁신추진을 못한다고 하면 말이 된다고 생각하는 가라고 반박할 것이다. 경영자와 추진팀 둘다 자신이 처한 입장과 관점으로 소통하고 피드백을 주고 받는 것이 지속되면 평행선을 달리게 될 뿐이다. 불신과 포기라는 부정적인 기류만 형성되기 때문이다. 서로 눈높이를 맞추는 노력을 해야 한다. 그리고 현재 처해있는 현실에 대해 사실과 데이터를 근거

돌파 조직

로 소통하고 설득하고 피드백을 주고 받는 과정을 겪어내야 한다. 한 번의 미팅과 보고와 논의로 문제가 해결된다고 순진하게 생각하면 안 된다. 필요시 스폰서인 CEO나 경영자들도 문제에 대해 반복해서 질문하고 자신의 의견을 분명히 전달하고 경우에 따라 설득도 병행해야 한다. 경영상의 어려움으로 지원이 더 계속되는 것이 어려워지면 안면을 바꿀 줄도 알아야 한다. 가슴 아프지만 티내지 말고 지금 있는 조건과 상황에서 혁신을 성공시켜야 한다고 단호하게 말할 줄도 알아야 한다. 혁신 추진팀들이 스폰서의 지원은 더 받을 수 없고, 앞으로 나아가자니 벽이 가로막고 있고, 뒤로 물러서려 하니 보이는 것은 절벽밖에 없다면 과감히 뛰어내리도록 해야 한다. 그 과정에서 혁신적인 아이디어가 떠오르게 되고 제로베이스에서 다시 고민하게 되면서 혁신을 완성시키는 사례가 탄생한다. 예를 들었지만, 매번 그렇게 극단적인 소통방식을 선택하라는 것은 아니지만, 서로 눈을 마주치고 깊숙이 소통하고 예민한 이슈나 갈등들을 회피하기보다는 돌파하는 노력이 필요하다. 이것이 전략적 소통과 피드백 단계로 진입하기 위한 시작점이 된다.

나. 피드백도 결정이다

피드백을 잘 못하는 조직이나 스폰서들은 순간순간 결정을 못하는 것이다. 이런 성향의 리더들을 코칭하다 보면 저마다 선한 의도를 가지고 있다. 열심히 해왔는데 잘못된 점을 바로 지적하고 피드백해 주면 마음이 상하고 기가 죽을까 봐 제대로 피드백하기보다는 조금 돌려서 한다는 것이다. 또는 잘한 점을 먼저 칭찬해 주고, 개선하거나 고쳐야 할 점을 나중에 피드백하는 것이 더 나은 리더십 행동이라고 생각하고 있다.

어느 것이 옳은지는 중요하지 않다. 팀원들이 해 온 일의 결과물을 제대로 평가하고 판단해주고 Go와 Stop을 분명히 해주어야 그 일이 제대로 굴러가며, 팀원의 목표달성이 제대로 완성되고 그 결과로 팀의 목표가 달성된다는 것이다. 방향을 제대로 잡아줘야 되는데 그 방법이 피드백이다. 이렇게 간단하게 생각하고 피드백을 잘하는 리더로 연습하고 훈련하면 되는 것이다.

위기/변화 관리
리더십 굳히기

||||||||||||||||||||||||||||
1. 혁신은 일시적 이벤트가 아니다

혁신을 시작하여 성공을 위해 변화 관리의 각 단계를 거치면서 성과 도출까지 이르렀다면 혁신의 성공사례가 조직에 내재화되어 조직 핵심 역량으로 자리잡게 해야 한다. 혁신이 한 차례 지나가는 이벤트가 아니기에 지속적인 혁신 문화와 체질로 몸에 배게 하는 것이 중요하다. 그래서 혁신이 리더십 진단의 주요 항목으로 포함되고 리더십 교육의 모듈로도 개발되고 전파되어야 한다. 이 단계는 조직에 혁신 리더십이 내재화되고 반복되는 혁신이 일상화되도록 리더가 스스로 의식화되어야 한다는 의미이기도 하다.

2. 상황과 맥락의 이해

혁신의 성공을 위해 변화관리의 필요 단계들을 거치고 성과 도출과 성공 사례들을 만들어 공유시키고 나면 CEO 들에게는 숙제가 남겨진다. '다음 단계의 도약을 위해 제 2의 혁신을 어떻게 준비하고 진행시킬 것인가'라는 주제 가 그것이다. 혁신과정에서 체험한 여러가지 교훈들이 있 지만, 결국 성공 여부는 리더십이 탄탄하게 존재하느냐가 관건임을 알게된다. CEO의 혁신 리더십뿐 아니라 경영자 리더십, 그리고 팀장 레벨의 리더십, 공장이 주가 되는 회 사의 경우는 현장관리자의 혁신 리더십이 혁신의 성공요 소가 됨을 더 절실하게 느끼게 된다. 시행착오가 없는 조 직은 없지만 리더들도 시행착오를 하게 된다. 중요한 것은 일관되고 지속적으로 혁신의 메시지를 전달하고 긴급상황 이나 위기상황에도 흔들리지 않고 혁신의 줄기를 놓치지 않는 것임을 체험했다.

또 다른 상황에 처하기도 한다. 혁신의 단계를 거쳤으 나, 실패라고 정의하기는 어렵지만 완전 성공이라고 자축

하기에는 뭔가 부족한 아쉬움이 남는 경우이다. 좀 찜찜한 것이다. 깔끔한 느낌과 마무리했다는 후련함이 없는 상태가 조직 전체에 남아 있는 경우이다. 이때가 리더십 굳히기가 필요한 시기이다. CEO가 솔직한 리더십과 용기로 나서야 한다. 이미 성공 사례 공유회를 했다 하더라도 전사 위기관리팀에게 성공 사례를 상, 중, 하로 나누게 하여 면밀히 분석한 다음 성공 요인과 실패 요인을 추출하고 사례 연구가 가능하도록 사례로 작성한다. 그 과정에서 스폰서 역할을 한 리더들의 장단점을 정리하여 Workshop을 하루 정도 기획하여 경영자들과 팀장들을 대상으로 공유하고 다음 혁신을 준비할 때 리더십 행동으로 우선 보여줘야 할 항목들을 고르고 합의하게 하면 굳히기에 도움이 될 것이다. 일종의 혁신 playbook을 만들게 되는 것이다. 이것에는 혁신의 바람직한 리더십 행동과 바람직하지 못한 리더십 행동을 주내용으로 정리하면 된다.

|||||||||||||||||||||||||||||
3. 절차

가. 리더십 진단 항목에 혁신 리더십을 추가

리더십 진단 항목에 혁신 리더십 항목을 신설해서 추가

한다. 리더 KPI에 이 점수를 일정 부분 반영시킨다. 상시로 혁신 리더십을 고민하게 함으로서 리더십 굳히기 효과를 가져오게 한다.

〈진단항목 예시〉

1) 우리 리더는 혁신에 어느 정도의 관심을 가지고 있는가?^(시간 투자와 열정 측면에서)

2) 우리 리더는 혁신을 회피하기보다는 혁신의 기회를 어느 정도 찾고 있는가?

3) 우리 리더는 혁신 성공을 위해 역할과 책임을 어느 정도 명확하게 제시해 주고 있는가?

나. 혁신 리더십 playbook을 제작하고 교육 모듈화

혁신 단계에서 보여야 하는 바람직한 리더십 행동과 바람직하지 않은 리더십 행동을 구별하여 매뉴얼 형태로 제작하여 리더십 교육에 활용한다. 혁신 활동 종료 후에 리더들과 구성원들의 인터뷰와 설문조사로 작성한다.

다. change agent 양성

상설과정으로 change agent 과정^(2박3일)을 개설하고 1

년에 2회 정도 운영한다. 주요 내용은 변화관리 스킬과 퍼실리테이션 스킬로 구성하면 된다. 선발은 사업부장이나 공장장의 추천에 의해 결정하고 인사고과 우수자를 대상으로 선발하도록 한다.

주니어보드를 운영하는 회사의 경우, 이들을 우선 선발하면 동기부여도 되고 주니어보드 활동이 단순 건의사항을 찾는 조직이 아니라 혁신거리를 찾는 조직으로 자연스럽게 변화시킬 수 있다.

라. 혁신 경진대회 운영

연간 혁신 활동을 마무리하고 평가를 마치면, 다음해 초에 수상자들을 대상으로 Best Practice 발표와 이벤트, 시상식과 공연들을 기획하여 1일 정도의 경진대회 행사를 매년 운영한다. 혁신을 제도화하고 격려와 포상의 수준으로 자리매김시킨다. 이때 CEO는 혁신 메시지를 일관되게 전달하고 혁신 참가자와 함께 어울리는 모습을 보여줌으로서 혁신 리더십 굳히기를 완성한다.

||||||||||||||||||||||||||||||

4. Expert's Solution

가. 스마트한 혁신리더십 보여주기의 압박으로부터 벗어나야 한다.

혁신 과정은 고통스럽고 힘든 과정임을 인정하고 나아가야 한다. 그 과정이 스마트하기는 어려울 수 있고 어찌 보면 군대식 일사분란함을 보여주어야 하기에 스마트함에 꽂힌 리더들은 스스로 불만스러워 한다. 예전에 혁신의 전도사라는 별명을 가진 대기업의 CEO가 5%의 혁신은 불가능하나 30%의 혁신은 가능하다는 메시지를 강조한 적이 있다. AI시대에 무슨 생뚱맞은 메시지냐는 반응이 있을 수 있다. 그러나 혁신은 터프한 것이고 패러다임을 바꾸는 노력없이 성과를 거두기는 어렵다는 의미로 해석하면 될 것 같다. 균형감은 유지하되 새로운 변화에는 진통이 따르고 혼란이 오기도 한다는 점을 인정하고 묵묵히 전진하는 인내와 뚝심이 리더들에게 더 중요한 것이다. 나이스하고 머리 좋고 스마트한 리더가 혁신에 성공했다는 말을 자주 듣지 못했다. 귀가 얇은 리더도 혁신 리더로서 그리 적합하지 않은 것을 경험한 적이 있다. 흔들리지 않고 묵묵히 한 걸음씩 전진하는 리더십이 이 시대에 혁신 리더로서 필요한 것 같다.

나. 설득은 Stop하고 혁신의 배에서 내리라고 단호하게 말한다.

변화관리 과정의 핵심이 위기의식을 공유시키는 것이며, 혁신의 비전과 목표에 대한 공감대를 형성하기 위해 어떻게 소통하고 설득하며 메시지를 전달해야 하는지를 강조한 바 있다. 앞서 'Cascading'이라는 개념을 강조한 것도 Top으로부터 사원까지 동일한 언어와 공동목표를 갖도록 하기 위한 것이다. 실행을 가속화하려면 회사 전체가 한 방향으로 정렬되어야 하기에 변화관리 프로그램이 필요하고, 프로그램도 계획적이고 체계적으로 운영해야 한다. 초기단계에서 CEO와 임원들의 Executive Alignment를 위한 Workshop이 필요함을 설명하였다. 현실에서는 바로 이 다음부터 문제가 생기곤 한다. W/S가 종료되면 혁신의 필요성, 방향과 과제에 대한 공감대가 형성이 되었다고 판단하여 각 혁신 추진팀들이 스폰서로 임명된 임원들의 지휘하에 움직여야 하는데, 들리는 소리는 합의된 것에 대해 다른 목소리를 내고 있다는 것이다. 이때 당황스러운 것은 CEO와 전사 혁신 담당 임원이다. 실제로 이런 상황에 대해 해결안을 물어오는 경우를 겪어 보았다. 보통은 혁신추진팀이나 외부컨설턴트를 통해 다시 설득하고 소통하는 방식을 선택한다. 경영회의에서 CEO가 우려를 표하기도 한다. 글로벌기업도 Executive Alignment Workshop을 진행하고 이와 유사한 불협화음이 나는 경우가 있다고 들었다. 그들은 어떻게 이 이슈를 돌파하는가 확인해 보니, CEO가 강력한 권고와 경고를 통해서 해결한다는 애기를 들었다. 우리 기업보다 임원 해고의 파워가 더 쎈 것이 글로벌기업이긴 하다.

혁신의 최종 의사결정권자인 CEO가 해당 임원과 적극적인 소통을 진행하고, 그럼에도 변화된 모습이 보이지를 않는다면 분명히 지시하고 경고하여 Alignment가 적용되도록 해야 한다.

이런 모습을 보여주는 것이 혁신의 최종책임자로서 단호함을 조직에 전달하는 것이고, 큰 차원에서 조직에게 하는 피드백이므로 반드시 해야 할 리더십 굳히기이다.

다. 혁신 과정 중에 찾아오는 위기 극복하기

만약 위기를 극복하기 위해 추진하는 혁신과 변화 관리 과정 중에 경영 상황이 더 악화된다면 리더십 굳히기를 어떻게 적용해야 하는가? 참 어려운 질문이다. 그렇게 전개되지 않기를 누구나 기대하지만, 현실로 일어나지 말라는

돌파 조직

법은 없다. 실제로 지켜본 경험도 있다. 우선순위와 긴급도에 따라 리더는 의사결정을 신속하게 해야 한다. 성공 가능성이 높은 혁신과제는 경영위기 극복을 위해 해결 기한을 최대한 당기도록 격려와 재촉을 해야 하고 우선순위에서 밀리는 과제는 중지시켜야 한다. 경영 성과로 연결되지 못하는 장기과제들도 단기적으로 중단하고 고비를 넘기도록 재조정해야 한다. 이 과정에서 CEO와 경영자들이 부담스럽고 하고 싶지 않은 설명과 소통도 망설이지 말고 즉시 해야 한다. 그중에 하나가 구조조정일 수 있다. 위기에 필요한 리더십 굳히기의 일환이다.

라. 예상치 못한 혼란에도 흔들리지 않고 참아내기

혁신과정에서 새로운 방식이 적용되기 시작하면 현장에서 시행착오가 발생하고 혼란이 야기되기도 한다. 익숙치 않은 일을 새롭게 하는 과정에서 일어나는 자연스러운 현상이다. 물론 이를 대비하기 위해 pilot test를 하고 수정/보완사항을 사전에 조치하는 단계를 취하지만, 그것만으로 모두 해결되지 않는 경우도 발생한다. 이때가 리더들에게는 힘든 시간이 된다. 혼란 상황을 침소봉대하여 마치 혁신의 출발이 잘못된 것처럼 저항의 목소리가 고개를 들기 시작하는 것도 바로 이 시기가 된다. 현장의 구성원들은 그냥 예전방식을 두고 일해도 문제가 없을 뻔했는데 괜히 혁신이라고 하면서 건드려대다 보니 오히려 혼란이 가중되는 것 아니냐는 불만의 소리도 들려오기 시작한다. 최종결정권자인 CEO가 냉정하고 객관적인 관점을 유지하면서 흔들리지 말고 혼란의 시기를 넘어가야 한다. 현상파악과 조치되고 있는 사항을 치밀하고 철저히 보고받고 직접 확인하면서 재조정해야 할 것이면 즉시 결정하고 조금 더 경과를 지켜봐야 한다고 판단되면 그대로 진행시키는 뚝심을 보여줘야 한다. 이것이 리더십 굳히기라고 표현한 이유이다.

기업의 성장 단계별 변화 관리의 우선 순위 는 무엇일까?

모든 기업은 도입···›성장···›성숙···›쇠퇴의 시기를 겪는 다. 변화 관리는 모든 단계가 중요하지만 오랜 경험에 비 추어보니 현재 자신의 회사가 어떤 성장 단계에 있는지에 따라 또는 동일 회사 내에서라도 사업의 성격에 따라 특별 히 선택과 집중해야 하는 단계가 있다

다음 기업 성장 단계별 도표를 보고 간략히 살펴보고자 한다.

〈성장단계별 집중할 영역〉

3단계	도입 (Embryonic)	성장 (Growth)	성숙 (Mature)	쇠퇴 (Decline)
Goal Holding	-리더십팀R&R설정과 목표 공유 -Team Startup훈련	-위기돌파팀구성과 퍼실리테이터 역할 부여 -위기의식공유와 공감대 형성	-위기관리 P/G Cascading	-현실인식기반의 비전과 목표재설정
Tasking Working	-변화목표달성에 조직 참여 시키기 -위기/변화관리 커뮤니케이션 채널구축	-변화목표달성에 조직 참여시키기 -위기/변화관리커뮤니케이션 채널구축	- 변화저항극복 - 변화지속 시키기 - 변화를 위한 시스템과 조직구조 다루기	-변화를 위한 시스템과 조직구조 다루기
Feedback	-실행과정 모니터링과 성과구축 -전략적소통과피드백	-실행과정모니터링과 성과구축 -전략적소통과 피드백 -위기/변화관리 리더십 굳히기	-전략적 소통과 피드백 - 위기/변화관리 리더십 굳히기	-위기/변화관리 리더십 굳히기

위의 도표를 보면 도입 단계는 첫 번째에 해당한다. **회사의 시작이 도입단계에 있거나 비즈니스 모델이 새로이 시장에 진입하여 시작하고 있는 기업이다.** 이 경우에는 혁신과 변화관리가 정말 필요함에도 불구하고 적용이 쉽지가 않다. 벤처나 스타트업 기업에 해당되고, 중견기업이라 하더라도 새로운 사업을 시작하는 경우라면 도입단계에 있다고 볼 수 있다. 불확실한 시장과 고객에 맞서야 하고 숙련된 인력의 확보도 제대로 안되어 있는 상태에서 사업을 운영해야 하기에

더 어려운 상태에서 고군분투해야 한다. 확정된 것도 없고 항상 진행형이고 환경 변화에 민감하여 '+'와 '-'가 바로바로 나타나는 상황이다. 혁신을 추진한다면 경험이 없는 인력들과 실행해야 하기에 처음 단계부터 교육과 훈련도 겸하여 차근차근 진행해야 한다. Team Startup 훈련을 강조한 이유이기도 하다. 리더십팀들도 스폰서의 역할과 책임을 공유하고 불확실한 환경 가운데 목표 설정에 단호함을 보여야 한다. 소규모 핵심인력들을 혁신에 참여시키고 수시로 소통하고 모니터링 시스템을 이 기회에 구축하고 적용하는 과정도 겪어내야 한다. 특히 초기 성공 사례가 발굴되면 조직 전체에 공유시키는 과정을 통해 우리도 할 수 있고 회사도 성장기로 진입할 수 있다는 것을 보여줘야 한다. 이직율이 상대적으로 높은 단계이므로 조직구성원들의 불만과 불안에 대한 적극적인 대응방법이 될 수 있다. 단계별 도출되는 결과물에 대해서도 더 구체적이고 명확하게 수시로 피드백을 해내야 한다. CEO의 적극적인 소통이 어느 단계보다 더욱 필요한 지점이다.

다음 단계에 있는 성장기의 조직은 경쟁이 본격화되는 시장에서 매출, 브랜드, 상품의 경쟁력을 확보하는 것이 이슈가 되는 경영 환경에 처하게 된다. 이런 조직이 혁신을 추진한다면 위기돌파팀과 같은 전사 추진 조직이 필요하고 신속하게 위기의식 공유와 시장 선점을 위한 공감대를 형성시키고 이를 바탕으로 조직원들을 혁신에 적극적으로 참여시키고 CEO는 진두지휘하며 소통과 피드백을 일상화해야 한다. 성숙기에 있는 조직의 CEO들 이상으로 발로 뛰고 직접 확인하는 중간점검 모니터링을 집요하게 해내는 리더십이 절대적으로 필요하다. 이 단계의 조직구성원들은 그래도 한번 해보겠다는 의지가 제일 높은 편이다. 이 시기에는 회사나 조직이 성과를 내고 성장해 나가는 모습이 바로 바로 보이기 때문이다. 혁신을 통해 히트상품이 나올 확률이 가장 높기도 하고 Best Practice도 많이 도출해 낼 수 있는 단계이기도 하다. 이때 CEO를 포함한 리더십팀이 혁신문화 정착을 위한 원칙 준수를 잘해야 한다. 잘못하면 성장에 취해서 원칙과 단호함을 소홀히 할 수 있다.

성장기를 제대로 거친 조직은 성숙기로 들어갈 수 있다. 조직이 성숙기에 접어들면 출혈경쟁이 일어나고 파이 뺏기 경쟁에 업종별 산업매력도가 저하되는 시기에 접어들게 된다. 상품과 서비스의 차별화와 수익극대화가 전략적 지향점이 되고 혁신의 주제나 방향도 원가우위 확보나 차별화가 중심이 된다. 이미 한 번씩은 혁신을 경험한 조직이 다수를

돌파 조직

차지하기에 혁신 추진이 어려워질 수도 있다. 혁신의 아이디어가 고갈되는 상태에 처하기도 한다. 혁신프로그램을 지속적으로 Cascading해야 하는 단계이다 이를 통해 CEO와 임원들의 Alignment를 시작으로 임원과 팀장, 팀장과 팀원, 그리고 현장의 사원들까지 혁신의 필요성과 당위성, 위기의식을 재점화시켜야 한다. 변화를 지속시키기에 중점을 두고 진행되어야 하며 내부적으로 피로도에 따른 혁신에 대한 저항 극복을 집중적으로 관리해야 한다. 이미 한 번씩은 혁신 경험을 해보았기에 혁신에 대한 절대적인 당위성과 절박감이 무뎌지기도 한다. 혁신 피로증후군이라는 용어가 내부적으로 떠돌아다니기도 한다. 성장기와는 달리 혁신의 성과가 회사나 조직에 큰 영향력을 보여주지 못할 수도 있다. 이미 경쟁체제와 시장점유율이 굳어 버린 상태로 경쟁을 해나가는 경우가 다수이기 때문이다. Game의 Rule을 바꾸는 Game Changer가 되는 제2의 혁신을 그리 쉽게 혁신의 결과물로 도출시키기가 어렵다. 창업 정신으로 돌아가자는 구호로 기업가 정신과 사내벤처를 통한 혁신을 강조하게 된다. 혁신을 위한 조직구조와 시스템에 다시 한번 변화를 줘야 하고 혁신의 깃발을 높게 드는 CEO와 임원들의 리더십 굳히기가 더 중요하게 부각되는 상황이 계속 된다. 혁신의 스폰서 역할을 CEO 와 임원이 행동으로 보여줘야 한다. 특히 부정적이거나 초조해 하는 언어 사용과 약한 모습, 지친 모습을 보이는 것은 금해야 할 리더십 행동이다.

마지막 단계인 쇠퇴기의 조직에서 집중해야 할 변화관리 단계가 있다.

사실 쇠퇴기에 접어들면 전략적으로는 출구전략을 고민해야 하고 동일 산업군에서 생존경쟁을 통해 살아남기 위한 혁신을 추진할 수밖에 없다. 현실인식 기반의 목표 재설정을 시작으로 다시 성장기로 진입할 수 있는 신규사업영역과 비즈니스모델 혁신을 시도해야 한다. 동시에 생존을 위한 조직구조와 시스템을 변화시키고, 이 과정에서 솔직하고 용기 있는 모습과 함께 정직한 소통과 솔선수범을 CEO와 임원들이 보여줘야 하고, 조직이 동요하지 않도록 단단한 리더십 굳히기에 집중해야 한다.

기업의 경영환경은 나날이 어려워지고 있다. 트럼프 2.0시대를 맞이하여 외부 환경 역시 노골적으로 우리 기업에 이빨을 드러내고 있다. 이럴 때일수록 더욱 단단한 조직이 필요하다. 독자들이 위기를 돌파할 수 있는 강한 조직의 해법을 이 책 속에서 얻어가기를 바란다.

돌파 조직